いい我慢

～日本で見つけた夢を叶える努力の言葉～

ニコライ・バーグマン
nicolai bergmann

あさ出版

一緒に働く仲間たちの姿に
刺激を受け、励まされ、
ひとつのことをやり遂げようと頑張ると、
できることがひとつ増え、
やれることがひとつ増え、
そして、いつのまにか仲間も増えて、
その先に目指す未来が
どんどん拓けていくのです。

きちんと関わり、
自分で作り上げたことで
生まれる〝ストーリー〟は、
どんな仕事においても
評価されるものだと
私は思っています。

自分がやりたいこと、自分ができることを
完璧にやるのがまず第一で、
「売れるか売れないか」なんてことは
後からついてくる。

もし売れなければ、
それは何か足りない部分があったということで、
やり方を見直していけばいいのです。

違う景色を見せてくれる、
違う世界へ引っ張り上げてくれるような
相手と仕事をしたいなら、
その相手の目にとまるよう、
まずは自分のイメージだけでも
上のレベルに上げないといけません。

「Dream bigとRealistic」

夢は大きく持つべきですが、
現実的に考えることを忘れてはいけません。
「実現可能な夢を言葉にしていく」
ということに、大きな意味があるのです。

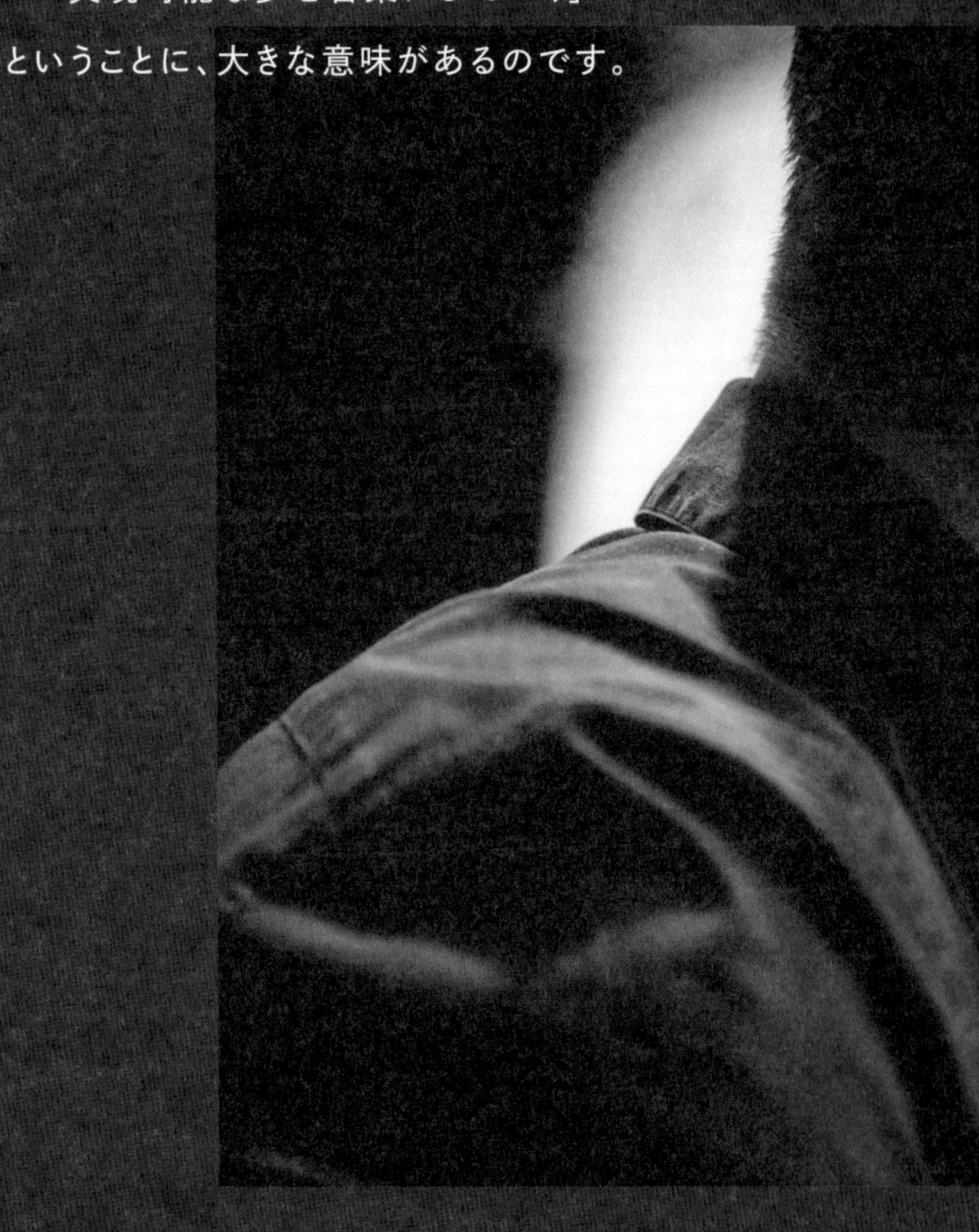

2019 Nicolai Bergmann for PRADA

PRADA
MILANO
DAL 1913

2018「HANAMI 2050」太宰府天満宮

「我慢」は私が
一番好きな
日本の言葉です。

PROLOGUE

ビジネスは いい我慢の上で成長する

みなさんはじめまして、ニコライ・バーグマンと申します。日本をメインに自分のブランドを展開しているデンマーク人のフラワーアーティストです。

こう自己紹介すると、「デンマークからやってきたフラワーアーティスト」と思われてしまいそうですが、それはちょっと違います。私は「日本でフラワーアーティストになったデンマーク人」です。

私がはじめて日本にやってきたのは1996年、19歳の時。1998年から日本でのキャリアを本格的にスタートさせたので、もう20年以上も日本で活動していることになります。

そんな私の代名詞となっている商品に「フラワーボックス」があります。みなさん、ご存知でしょうか？　このフラワーボックスも2020年で誕生から20周年を迎えました。※私のことを知らない方のためにプロローグの後に簡単な年表をつけましたので興味のある方はご覧になってください。

これが何かを簡単に説明すると、フラワーボックスとは箱の中に花を敷き詰めアレンジしたフラワーギフトで、それまでは花束を買って持ち歩くのが恥ずかしかったような男性にも喜ばれる商品として、発売後、雑誌をはじめとする多くの媒体に取り上げていただきました。そして、これを機に一気に私を知ってくれる人が増えました。

ボックスの定番カラーは基本的に黒で、「nicolai bergmann flowers & design」の銀色のロゴが目印。私の顔や名前は知らなくても、「その黒いボックスには見覚えがある」と思ってくれる人がいたらうれしいです。

そんな私が書く本のタイトルが『いい我慢』って、いったい何なんだ?と思った人もいることでしょう。ですから、まずはそのことについてお話しさせていただきたいと思います。

「いい我慢」とは？

「我慢」は私が一番好きな日本の言葉です。

デンマーク語や英語にも「我慢」に近い言葉はいろいろありますが、ニュアンスがぴったりくる言葉はありません。「我慢」は日本人の特性を表した、日本特有の素敵な言葉だと思っています。

ただ、日本では「我慢」はネガティブな言葉として受け取られることが多いようです。みなさんも「我慢」と聞いて、「苦しいことや辛いことにひたすら耐える」というイメージがあるのではないでしょうか。

若い人の中には、「我慢なんてカッコ悪い」「我慢なんてムダだ」と思っている人も少なくないでしょう。でも、私の「我慢」の受け取り方はそうではありません。

私は、「自分の成長のために、自分の夢を叶えるために、今やるべきことをしっかりとやり抜くこと」、それこそが「我慢」だと思っています。

先ほどぴったりくる言葉がないと言いましたが、デンマーク語であえて挙げるとするなら〝根気〟とか〝途中でやめない〟という意味を持つ「Talmodighed」（トゥモリユール）が一番「我慢」に近いのではないでしょうか。

たとえば私の場合、「フラワーショップを開きたい」という〝自分のやりたいこと〟のために、デンマークで毎日ボスに叱られながらもフラワーショップのライセンスを取り、日本に来てからも、厳しいと言われるフラワーショップの仕事を一生懸命に覚え、早く自分のお店を開きたいという一心で、寝る間も惜しんで働き続けました。そして、南青山にＤＩＹで作った小さなフラワーショップを持つことができました。

このような話をすると、日本の人は「よく我慢したね」とか「よく頑張ったね」「外国人なのに大したものだ」などと言ってくれます。しかし、私からしてみればこれらは夢や目標を実現するために、今できること、やるべきことをやってきただけなのです。

もちろん辛かったり、嫌だなと思うこともたくさんありました。でも、そんな辛さや大変さよりも、「あれをやるためにはこれは必要なこと」「どうすればこの状況を乗り越えられるのか」、とシンプルに思えたからこそ、やり抜いてこられたのだと思います。

これを日本の人が見て我慢と言うのであれば、「我慢とは夢を叶えるためにやるべきことをやり抜く＝努力する」ことなんだなと、そう思えたのです。つまり、これが私の思う〝いい我慢〟であるというわけです。

逆に自分の成長や夢を思い描けない場所で、ただ苦しいことや辛いことにひたすら耐えるのは、ネガティブな我慢です。これはしなくてもいい〝悪い我慢〟と言ってもいいでしょう。

つまり、〝いい我慢〟と〝悪い我慢〟の見極め方は簡単で、それが自分のやりたいことと繋がっているかどうかで判断すればいいのです。

そして、やるべきことをやる〝いい我慢〟を重ねていけば、未来には驚くほど大きく成長した自分が待っています。

先にお話ししたように、私はフラワーショップを開くため、デンマーク、そして日本で一生懸命に花のことを学びました。そして、南青山に小さなお店を持つことができました。その後も、「自分のブランドを作りたい」「独立して会社を作りたい」「フラッグシップストアを作りたい」「あの国でお店を開きたい」と目標ができる度にやるべきことが増え、それをやり抜く〝いい我慢〟を重ねていったら、今の私になっていたのです。もちろん、まだまだやりたいことはあり、まだまだ成長の途中なので、今も〝いい我慢〟を積み重ねている真っ最中。〝いい我慢〟には終わりがなく、それもまた楽しいことだと思っています。

〝いい我慢〟を重ねていくと、その経験が自分のパワーになり、いつしか自分の周りに楽しいことや胸を躍らせるようなワクワクすることが増えていきます。これは間違いありません。だから、もしあなたに今、どんなに小さなことでも何かやりたいことや成し遂げたい目標があるのなら、やるべきことを投げ出さず、しっかりとやり抜く〝いい我慢〟をしてほしいのです。

その我慢は100%自分のモチベーションに繋がっているか？

ただし、〝いい我慢〟を重ねるうえで、大事なことがあります。それは、「自分のため」に動かなければ〝いい我慢〟にはならないということです。

日本の人には自分を後回しにしてほかの人を優先するところがあります。それはすごくすばらしいことです。しかし、きちんと自分を優先して自分を満足させなければ、やるべきことをやり遂げる前に疲れてしまいます。


もっともヘルシーなのは、自分を中心に考え、自分のスタビリティや自分のライフスタイルを大切にしながら、自分のためにやるべきことをやること。たとえば、今目の前にやるべきことがあるとして、それを「こうやればもっと技術が磨けるかな」などと考えながら、自分に合ったやり方で進めるのはとってもヘルシーです。

でも、「こうすれば上司が喜んでくれるだろうか」などと考えながら、上司の好むやり方で進めるのはまったくヘルシーではありません。

自分が満足できていないのに人を満足させようと頑張るのは、これもまた〝悪い我慢〟なのです。


〝いい我慢〟は、100%自分のモチベーションに繋がるものでなければいけないと私は思います。自分のためにやるべきことをやり遂げると、「もっとレベルアップしたい」「次はこれをやりたい」という気持ちが自然と湧いてきます。するとと夢や目標に向かってどんどん成長して、どんどんハッピーになって、そのエナジーが溢れてきます。

そして、そのエナジーが人に伝われば、その人もきっと満足します。結局、自分が満足すればそのエナジーで人も満足させられるのだから、最初から他人を優先する必要などないのです。

ただ、〝やるべきことをやり抜く〟と言われても、「自分が今やっていることは本当に意味があるのか？」「これはどんな方向性に向かうのか？」とモヤモヤしてしまう時もあると思います。つまり、自分のやりたいことが見つかっていない状況です。人は何でもわかっているわけではないし、先のことなんて読めないし、そんな状況はあって当然です。

世の中には数ヶ月や半年くらいやっただけで成果が出たり、成長が実感できたりするようなことはほとんどありません。ですから、そこは続けてみるしかありません。

日本でも最近は転職が当たり前の時代になってきました。ひとつの仕事に固執することもありませんが、あまり深く学びもせず、すぐに仕事を変えてしまう。そんな風潮もあるようです。もちろん私のお店でもそうで、花のことをもう少し学べば違うとも見えてくるのに、というようなタイミングでやめてしまう人もいます。本当にもったいないことだと思います。

ある人はこういう若い人たちを見て、「若者は我慢が足りない」なんて言ったりもします。もちろん私はそんなことが言いたいわけではありません。

先にも言ったように〝悪い我慢〟ならしなくてかまいませんし、〝いい我慢〟ができればそれでＯＫ。ただ、どうか「我慢なんてカッコ悪い」とすべての我慢を一緒にしないでください。〝いい我慢〟を探し、もう少し頑張ってみる。そんな気持ちを持ってほしいと思います。

日本で二十数年働いてきたからわかること

私は日本で花のこともビジネスのことも、たくさん学ばせていただきました。その点から言えば、日本がニコライ バーグマンを大きく育ててくれたと言ってもいいでしょう。

そんな私がこれまでを振り返って思うのは、「10代、20代、30代、40代では〝頭〟がそれぞれ違う」ということ。〝頭〟と言うとわかりにくいかもしれませんが、〝考え方〟とはちょっと違うのです。〝考えられること〟や〝受け入れられること〟と言い換えると、わかりやすいかもしれません。

たとえば私の場合、10代~30代の頃は、今では平然とこなせることにイライラしてストレスを感じてしまったり、その仕事が自分の成長を支えてくれることに気づかず辛い思いをしたり……ということがたくさんありました。

「そこを乗り越えたから今がある」とも言えるのですが、年齢によって頭が変わっていくことを理解していれば、もっと精神的にラクに、もっとスマートに、経験を積んでいけたのではないかと思います。

また、10代~30代の若いパッションがあったからこそ行動に移せて、それがフラワーアーティストやビジネスマンとしての成長に繋がっていったこともたくさんあります。「まだ早い」と後回しにしていたら、結局行動に移せないまま、今の私は違う私になっていたでしょう。

ですからこの本で私は、「自分がそれぞれの年代で経験したこと」と、今だからこそわかる「その経験から得られたもの」を、できる限りみなさんにお伝えしたいと考えています。

それこそ我慢そのものの話であったり、チームワークの大切さであったり、チャレンジする心であったり、感謝する心であったり……。それらはすべて私がこの二十数年の間で夢や目標を達成するために必要だったことばかり。つまり〝いい我慢〟を積むために必要な視点や考え方であるわけです。

もちろんあなたはあなた、私は私なので、いくら私の話を聞いても自分の経験なしにジャンプして一気に成長することはできませんが、知らない場所で夢を大きくしてきた私の経験が少しでもヒントになり、外国人である私の視点が新たな気づきを与えられることを願いつつ、さっそく話を始めていきたいと思います。

▪ Nicolai Bergmann History ▪

1976年～2006年

1976年	デンマークで生まれる
1993年-96年	デンマークでフラワービジネスカレッジに通いながら、フラワーショップにて職業訓練に取り組む
1996年	訓練を終えフラワーデザイン・ビジネスのライセンスを取得 卒業旅行で初来日し、川越の「フローリストモリタ」でフラワーショップの仕事を体験
1998年	アーティストビザを取得し再来日。川越の「ハマフラワー」に就職し、日本でのキャリアが本格的にスタート
1999年	「ハマフラワー」が「クローレ」を設立し、東京・南青山3丁目に進出。店舗運営を任される 骨董通りに移りフラワーショップ & アトリエをオープン
2000年	オリジナルフラワーボックスアレンジメントを考案
2001年	Nicolai Bergmann Flowers & Designブランド設立、同時に有楽町店オープン
2003年	六本木店オープン
2004年	写真集第1作『nicolai bergmann』出版 セイコーウォッチ『WINTER ROSE LUKIA』発表 フォーシーズンズホテル丸の内 東京 全館プロデュース、装飾&ウェディング装花を開始 第38回 東京モーターショー 2004にてトヨタ・レクサス フラワーデコレーション
2005年	Nicolai Bergmann有限会社設立 西武池袋本店 館内フラワーデコレーション 田崎真珠銀座本店 クリスマスデコレーション 第39回 東京モーターショー 2005にてトヨタ・レクサス フラワーデコレーション
2006年	ニコライ バーグマン インターナショナル スクール オブ フローリストリー 開校 ドイツ見本市にてデモンストレーション

2007年～2013年

2007年	新宿店オープン／インテリア&ライフスタイルショップ Nicolai Bergmann Sumu オープン ホンダ『CROSSROAD』新車発表にてフラワードレスファッションショー コカ・コーラ 爽健美茶 プロモーション
2008年	デンマークにて展覧会『10th』開催 表参道ヒルズにて展覧会『10th』開催 JILL STUARTコラボレーション Miss Lily会場装飾、インテリアフェア モニュメントデコレーション
2009年	シャングリ・ラ ホテル東京 全館プロデュース、装飾&ウェディング装花を開始 シャングリ・ラ ホテル東京にて展覧会『The World of Nicolai Bergmann』開催 六本木ヒルズ・東京シティビューにて、天空のクリスマス『スカイ・イルミネーション2009』クリスマスデコレーション
2010年	Nicolai Bergmann有限会社からNicolai Bergmann株式会社へ改組 Nicolai Bergmann Flowers & Design Flagship Storeをオープン Nicolai Bergmann Nomu オープン ワールド エキスポ上海にて、デンマーク館フラワーデコレーション
2011年	オリジナル フレグランス コレクション『Floral Notes』発表 デンマーク コペンハーゲン ガーデニング ショーにてランドスケープデコレーション シャングリ・ラ ホテル北京 全館プロデュース、装飾を開始 チャイナワールドホテル北京 全館プロデュース、装飾を開始 フォーシーズンズホテル北京 全館プロデュース、装飾を開始
2012年	ビルボードライブ東京にて『ニコライ バーグマンとジャズの響宴』フラワーライブパフォーマンス 表参道ヒルズにて 展覧会『FLORESCENCE』開催 写真集第2作『FLORESCENCE』出版
2013年	ビルボードライブ東京にて『SECRET GARDEN』フラワーライブパフォーマンス 初の書籍『ニコライ バーグマン 花と幸せを運ぶ日常』出版 ZUCCa × Nicolai Bergmann AWコレクションのパターンデザイン インスピレーションマガジン『FUTURE BLOOM』を季刊誌として創刊 フジテレビ『オデッサの階段』出演 テレビ東京『ソロモン流』出演

2014年〜2019年

2014年

太宰府天満宮、宝満宮竈門神社にて展覧会『1100年の伝統と革新的なアートの融合 ニコライ バーグマン 伝統開花』開催

NHK『趣味Do楽』出演

三菱地所レジデンス「ザ・パークハウス」CM出演

FURLA × Nicolai Bergmann カプセルコレクション『Walking with Fiori』グローバルローンチ

2015年

大阪店オープン

フォーシーズンズソウル 全館プロデュース、装飾&ウェディング装花を開始／館内にフラワーショップをオープン

シャングリ・ラ ホテル東京にて展覧会『伝統花伝』開催

2016年

福岡店オープン／神戸店オープン／丸の内店オープン

太宰府天満宮、宝満宮竈門神社、志賀海神社にて、展覧会『新花 -SHINKA-』開催

同時に写真集『Dazaifu Tenmangu』出版

フォーシーズンズ京都 全館プロデュース、装飾&ウェディング装花を開始／館内にフラワーショップオープン

2017年

日本・デンマーク国交樹立150周年親善大使就任

ばらのまち福山PR大使就任

『東京ミチテラス2017』総合プロデュース

『Marunouchi Bright Christmas 2017』デザインプロデュース

2018年

太宰府天満宮、宝満宮竈門神社、志賀海神社、柳川藩主立花邸 御花にて展覧会『HANAMI 2050』開催

F1シンガポールグランプリにてVIPラウンジの装飾

スキャパレリ パリコレクション2019SS ポップアップストア

花王ニュービーズのブランドアンバサダーを務める

2019年

ロサンゼルス フラッグシップストアオープン

コペンハーゲン フラワーショップオープン

フォーシーズンズシンガポール プロデュース、装飾&ウェディング装花を開始

フォーシーズンズポップダウン香港にてフラワーディスプレイ

F1シンガポールグランプリにてVIPラウンジの装飾

有田町文化交流大使就任

PRADA x Nicolai Bergmannリゾートコレクション2020 ビジュアルプロモーション

Nicolai Bergmann for PRADA限定プリザーブドフラワーボックスを日本-アジアにて発売

CONTENTS

第2章 自分の柱となるストーリーを作る

第3章 自分の立ち位置を見極める

第4章 和を大切にする気持ちを忘れない

第5章

情熱があればどこでも花は開く

本文デザイン　西垂水敦・市川さつき(krran)
巻頭写真　吉松伸太郎(1P・3P・4-13P)
杉本博一(14-16P)
本文DTP　辻井知(SOMEHOW)
構　成　持丸千乃
企画協力　株式会社 IMPRINT

第1章

GAMAN

いい我慢を
重ねることで
道は拓ける

仕事は生活。何も特別なことではない

デンマーク人はハードワーカー

私の故郷・デンマークは「幸せな国」として有名です。ここ何年かは、心地のいい時間の過ごし方を大切にする〝ヒュッゲ〟もたくさんの人に知られるようになり、働く時間の短さなども取り上げられるようになったので、デンマーク人に対し「仕事よりプライベート優先のゆったりした生活を送っている」というイメージを持っている人も少なくないかもしれません。

でも、実際にはデンマーク人はとてもハードワーカーなのです。確かに日本と比べれば働く時間は短いかもしれませんが、そのぶん効率を考え真面目に仕事に取り組みます。奥さんも、旦那さんもともに働くのが一般的で、大半の家庭では子どもが生まれたらすぐに保育園に預けて男女平等に働き続けるといった感じです。
ようは「プライベートな時間を大切にしている」というだけで、決してラクに仕事をしているわけではないのです。

私自身のデンマーク時代の生活を振り返ってみても、お父さんもお母さんもおじいさんもおばあさんも、本当によく働いていました。しかもみんな自分の仕事に誇りを持っていましたし、仕事が好きであったことは間違いないと思います。ただ、それよりもっと大きなものとして「**仕事は生活**」という考えがあったように思います。
日々の暮らしのためには絶対的に働かなければいけない。だから、文句を言ったり、怠け心が入り込んだりする場所はない。

そんな大人たちの働く様子を見て私は、「働くのは当たり前のこと」という感覚を子どもの頃から知らないうちに学んでいたような気がします。

頑張ればご褒美がある

とはいえ、ただ必死に働くばかりではありません。常に家族を大切にし、どこにでも楽しみや幸せを見つけるのがデンマーク人の特性でもあります。

たとえば、父方のおじいさんとおばあさんはりんご園を経営していましたが、祝日や祭日になるとファームで働く人たちや家族を集め、手料理でおもてなしをしていました。イースターやピンセ（聖霊降臨祭）、リンゴを収穫したお祝い……などなど、ことあるごとに大勢でワイワイ食事を楽しんでいたのが、とても楽しい思い出として記憶に残っています。

こうした経験から、「仕事をたくさん頑張るとご褒美がある↓仕事って楽しそうだな」という感覚もまた、子どもの頃に植え付けられたものでした。

仕事とは、「好き・嫌い」とか「働きたい・働きたくない」とかいうようなものではなく、欠かせない生活の一部。だったら熱心に取り組み、頑張った後のご褒美をうんと楽しもう！　言葉にすると本当に単純なことですが、これが多くのデンマーク人、そして私のベースにある、「仕事」というものに対しての考え方なのだと思います。

仕事は生活。何も特別なものではないのです。

Don't cry over spilt milk

自分の周りだけが世界のすべてではない

私のお父さんは鉢物の卸業を営んでいました。私が子どもの頃は休日も遊んでもらえないほど経営者として忙しく働いていたので、私はよく彼のオフィスについていっていました。仕入れた花が昼間にバーッと到着して、夜の間にそれらを整理して、朝になったらバーッと出荷する……という目まぐるしい光景をコンテナの間からずっと見ていたことは、今でも忘れられません。

夏休みの間は出張にもついていき、ヨーロッパの鉢植えの展示会を見学するなど、普段の暮らしでは見られないものをたくさん見せてもらいました。

なかでも印象に残っているのが、30年前のポーランド。卸業とは別にポーランドに小さなガーデニングセンターを作ることになり、その準備作業についていったのです。そこで私は、自分が暮らすコペンハーゲンの街との違いに驚かされました。

東ヨーロッパが大きく発展したのはここ15年くらいの話で、当時のポーランドは今とは比べものにならないほど貧しい国でした。それは子どもの私から見ても、何もない国だというのがわかるほど。

当時はちょうどマクドナルドのポーランド第1号店がオープンしたばかりだったのですが、そこに大行列ができていることにも驚きました。マクドナルドが身近にあるのが当たり前の生活を送ってきていたので、並んででも食べたいという気持ちがわからず、「世界が違う」ことを生々しく実感したのを思い出します。

繰り返し悔やまず前を向く

そんなポーランドでのガーデニングセンターの仕事は、結果的に大失敗に終わりました。簡単に言うと現地の業者に騙され、6000万円もの負債を抱えることになってしまいました。あまりにも運が悪い出来事だったので、当然ながらお父さんは相当に落ち込んでいたようです。一緒に現地に行って作業を見ていたぶん、私も落ち込んでいる彼の姿を見るのは辛かったです。まだ10代前半だったので、負債を抱えた経営者の気持ちが理解できたわけではありませんが、お父さんの大変さや辛さは子どもながらに感じ取っていたと思います。

しかし、私のお父さんは根本的に前向きな人なので、あまり時間をかけることなく立ち直り、再び仕事に没頭していきました。

私の実家には貰い物の大きなクリスタルの花瓶があるのですが、お客さんが来て「すごいですね」と言われたら、「6000万円で買ったんだ」と騙された金額をネタにするくらい、いつのまにやらひとつの経験として笑いとばしている——。

「Don't cry over spilt milk」

日本語では「覆水盆に返らず」と訳されるそうですが、私は「**一度起こったことを繰り返し悔やんでも意味がない。だから前向きに！**」というふうに捉えています。自分の働く姿を見せることで、お父さんはこの言葉を身をもって教えてくれました。

もともとの性格もあるかもしれませんが、この言葉はずっと私の中にあり、今でも私を支える考え方のひとつとなっています。

厳しい環境だから気づけた仲間の大切さと尊敬の心

厳しいボスにしごかれたデンマークの職業訓練時代

16歳から19歳までの3年半、私は職業訓練として国立ビジネスカレッジに通いながらコペンハーゲンのフラワーショップで働いていました。そこの社長（ボス）はかなり厳しい人でした。

どう厳しいかというと、ちょっとしたことで怒る、怒鳴る、投げる。たとえば頼まれていた電話を作業に追われうっかり忘れてしまっただけで、「なんで忘れるんだ！」「言ったらすぐ電話しろ、バカヤロー！」と怒鳴られてしまうのです。

大人になった今では「そうだよね、電話しろと言われたらすぐに電話すればいいのにね」と思う反面、「まだ16歳の子どもなんてバカなことをいっぱいやってしまうものだよね」とも思います。でも、そんな甘えはこのボスの前では通用しません。

また、私は子どもの頃、ほかの子のように文字の勉強をしたり本を読んだりすることができませんでした。今でいう難読症のようなものです。そのため14、15歳頃までデンマーク語を読み書きするのがあまり得意ではなく、お店でギフト用のカードを書く時に「おめでとう」などのスペルを間違えてしまうことがありました。そういう時でもバーンとモノを投げつけられ「なんでオマエはそんなこともできないんだ！」と怒られていました。あれは本当に悔しかったです。

そんなふうに数えきれないほど怒られ続けていた私ですが、なかでも一番「ムカつく！」と思った出来事は今でもよく覚えています。

そのお店では月に1回、お店のディスプレイを入れ替える日が決まっていました。大きなお店だったので作業には丸一日かかってしまいます。

私はその日、お店の中のピンクの花のコーナーを赤に替えて、白い花のコーナーを紫に替えて、ポットなどの小物も磨き、飾り直して……と朝からずっとディスプレイの仕事に没頭していました。

ところが、夕方、店を閉めるために戻ってきたボスが、外に置いてあったひとつの鉢に水が入ったままやりかけになっていたのを見つけ、「何だこれは、バカヤロー!!」とすごい顔をして怒鳴り込んできたのです。

一日必死で頑張ったのに、たったひとつのことで台無しになってしまうなんて……。さすがにその時は「もっと全体をよく見てよ」と言いたくなりましたが、そこはぐっとこらえて、ボスの怒りが収まるまで、ずっとうつむき怒られ続けていたのを思い出します。

厳しい環境を支える「チームワーク」

17、18歳の若者にとってはなかなかハードな環境ではありましたが、私は一度も「やめてしまおう」と思ったことはありませんでした。
そんな厳しいばかりで少しも褒めてくれないボスのもとで頑張り続けられた理由は、いったい何だったのでしょうか。

ひとつは、自分を支えてくれる仲間の存在です。そのフラワーショップには女性ひとりと男性ひとり、計2人のフラワーデザイナーの先輩がいて、私にいろんなことを教えてくれました。

非常にモチベーションの高い人たちで、私も花のことが大好きだし、すごく一生懸命だったので、より熱心に教えてくれたのかもしれません。

仕事ぶりを褒めてくれたり、「そんなに社長の言いなりにならなくていいよ」と励ましてくれたりもしました。そのことで私もモチベーションをキープすることができていたように思います。

さらに、ボスが厳しくて大変な人だということも、当然その2人はよくわかっているので、みんなで助け合っていました。外の駐車場にお店のトラックが入ってくる音が聞こえたら、「ボスが来るよ！」と教え合って、急いでお店を整えてビシッと身構えるのはいつものこと。「今日はどんなご機嫌かな」なんてみんなで話して、緊張をほぐしたりもしていました。

今となっては笑い話ですが、本当に厳しいボスだったので、この先輩たちがいなかったら私はもっと精神的に追い詰められていたかもしれません。

成長したいからこそリスペクトが生まれる

そして、頑張り続けられたもうひとつの理由は、ボスがただの〝怒ってばかりのわからずや〟ではなく、経営者としてもフラワーデザイナーとしてもリスペクトできる存在だったたからです。

彼はグリーンハウス（造園業）もやっていたので、週3回は朝5時から自分で作った鉢物を市場に持っていって営業をして、フラワーショップの仕入れもして、戻ったらお店の仕事をして……と、誰よりもハードに働いていました。私たちの見ていないところでグリーンハウスの手入れなどもしているわけですから、相当に働き詰めだったと思います。

フラワーデザイナーとしては、基本のブーケなら目を閉じた状態でもバババッと作れてしまうくらい、スピードもクオリティもすばらしいものでした。当時はよく葬儀用のリースを作っていたのですが、バラの土台を作り、細かく切ったグリーンをワイヤーにつけていくという細やかな作業も、あっという間にこなしてしまう。私たちだったら30分はかかるのに、彼はたったの10分で、しかもとてもキレイなものを作っていました。

このように、**〝人一倍働く経営者としての姿勢〟と〝フラワーデザイナーとしての技術〟の両方をリスペクトしていたので、「彼から学びたい」という思いを持ってそばで働き続けることができた**のです。

私は日本で働き始めてこれまで二十数年になりますが、その間〝チームワーク〟と〝リスペクト〟の大切さを何度も何度も実感してきました。今思えば、その大切さをはじめて実感したのが、デンマークの職業訓練時代だったのではないかと思います。

探すのはできない理由ではなく ステップアップできる環境

日本のファーストインプレッションは「全部ヘン！」

私が最初に日本を訪れたのは24年前、1996年のこと。厳しいボスの下での職業訓練を終えて試験に合格し、ライセンスを取得したお祝いの卒業旅行でした。

行き先に日本を選んだのは、〝たまたま〟です。「お父さんの仕事関係の知り合いのデンマーク人がいる国なので、仕事を経験させてもらえるだろう」という考えがあっただけで、日本への思い入れはまったくなし。アジアに行くこと自体がはじめてで、日本も中国もタイも区別がつかないような感じでした。

卒業旅行なので観光も楽しみましたが、日本での滞在期間は3ヶ月の予定だったので、観光ばかりでは飽きてしまいます。そこで当初の考え通り、お父さんの知り合いがいるグリーンハウスで働かせてもらうことにしました。

場所は、埼玉県の羽生(はにゅう)市。畑に囲まれた日本の郊外の街のグリーンハウスでひたすら働くというのは、19歳の若者の卒業旅行としてなかなかめずらしい内容だったと思います。グリーンハウスでは鉢物生産者の仕事を体験させてもらいました。ただ、苗を土に入れる作業を毎日ずっとしていたので、1ヶ月ほどで飽きてしまい、別のことも体験したくなってきました。クリエイティブな作業の多いフラワーショップでの職業訓練を終えたばかりだったので、生意気にも日本でもクリエイティブなことをしてみたくなったのだと思います。そこで、鉢物生産者の方に頼み、同じ埼玉県の川越市にある「フローリストモリタ」と「ハマフラワー」というフラワーショップを紹介してもらい、2軒掛け持ちで働くことになったのです。

その時に体験したのは、滞在している羽生市から川越市まで往復3時間も満員電車に揺られ、週6日みっちり働くという、卒業旅行とは思えないハードな生活。慣れない環境でとにかく必死だったので、はっきり言って「日本や日本人のこういうところが好きだな」なんて感じる余裕はなかったし、そんなことは何も覚えていません。こんなことを言うと日本のみなさんには大変申し訳ないのですが、当時の私が日本に抱いた印象とは、**言葉はまったく聞き取れないし、何も読めないし、食べ物は口に合わないし、とにかく「全部ヘン！」**というものでした。

ちなみに私が〝我慢〟という言葉の存在を知ったのもちょうどこの頃。仕事のハードさと慣れない環境に疲れ、鉢物生産者のデンマーク人に「大変すぎる。こんなのあり得ない。もうできない！」と愚痴をこぼしたところ、「ニコライ、日本人ができるんだからお前もできるよ、同じ人間なんだから」と励ましてくれたのです。この時、はじめて私は、「これが〝我慢する〟ということなんだ」と知りました。

ただ、観光で訪れた東京のパワフルさは心のどこかにずっと残っていました。デンマークでは見たこともない高層ビルや、街を行き交うものすごい数の人――。どんどん成長していく無限の可能性を秘めている「エンドレス・ポテンシャルがある街」だと強く感じたのです。「全部ヘン」だけど強く惹かれる国。そんな日本での私のキャリアは、この卒業旅行からスタートしていたのだと思います。

「刺激的なエナジー」を求め日本へ

3ヶ月の滞在中の思い出はヘトヘトになって働いていたことばかりで、「全部ヘン」という印象を持っていた日本に、どうしてまた行くことにしたのか？　それは、先にお話ししたように「**エンドレス・ポテンシャル**」を強く感じていたからです。

デンマークは愛する大切な故郷ですが、日本と比べれば小さくて何もない国です。日本は建物の大きさも人の多さもデンマークとはケタ違いで、あらゆることがまったく違うところがとても新鮮に見えました。私がもっと、人間としてもフラワーアーティストとしても成長するためには、そういう「自分をワクワクさせる刺激的なエナジー」が必要だと感じたのです。

実際、1998年に再び日本へやってきてから、ワクワクするような刺激を受けることがたくさんありました。たとえば、六本木にある大きなフラワーショップ。真ん中にガラスの冷蔵庫があって、色鮮やかな花たちがバーッと並んでいて、本当に美しくてきれいでした。バラ1本が1500円くらいして、当時の私は高価なプレゼントでも買うかのような気持ちでそのバラを買った覚えがあります。お店のスタッフが店名の書いてあるユニフォームをピシッと着ているのもカッコよく見えました。

ほかにも、ホテルオークラで見たこともない壮大な和の生け花に感動したり、日比谷にあるフラワーショップの高級で美しい花たちに見とれたり。デンマークでは何万円という値段で売られている花などまずないので、「こんな花を自分も作ってみたい」と憧れたものです。

できない理由なんて探すだけムダ

日本で働き始めて時間がたってからも、デンマークとの仕事の量やスケール感の違いを実感することは度々ありました。たとえば、ルイ・ヴィトンやシャネルといった高級なお店がデンマークにはないので、一緒に仕事ができるなどというチャンスはありません。また、フォーシーズンズホテルのような世界展開している高級ホテルも同様で、やはり一緒に仕事ができることはありません。

でも日本で頑張って働いていたら、こういった大きなブランドとの仕事の話がどんどん入ってくる。今でも私は、スケールの大きな仕事が入ってくる度に、日本のエンドレス・ポテンシャルと日本で働いていることへの喜びを感じますし、「日本に来てよかった」とつくづく思います。

日本は遠い国だし、卒業旅行から戻って働いたデンマークのお店もとても環境がよかったので、当時の私に「日本に行かなければいけない理由」などどこにもありませんでした。もちろん、19歳と若く日本語も話せない自分が、遠い国でひとり暮らしをして働くということに不安もありました。

それでも、「成長したい」という気持ちのほうが強かったから、「日本に行かない理由」を探すことはせずに、チャレンジに踏み切ったのです。自分に言い訳を作って踏みとどまらなくて、本当によかったと思っています。

たとえ**不安を感じたとしても、それが自分をワクワクさせるものならば、「できない」理由など探さず、自分の環境をステップアップさせることにフォーカスする。**そうすれば学べること、吸収できることはいくらでも見えてくるし、チャンスに飛び込んでいける勇気も湧いてきます。

意味がわからない、その〝意味〟を考えてみる

想像を超える日本のハードワークに圧倒される

私が日本に再びやってきたのは1998年。そこから本格的な日本でのキャリア、本格的な日本でのチャレンジが始まりました。

東京に知り合いのいない私は、卒業旅行の時と同じようにお父さんの知り合いのいる羽生に住み、川越の「ハマフラワー」で働かせてもらうことになりました。半年ほどでハマフラワーの近くのアパートメントに引っ越したので、毎日満員電車に乗らなくて済むようになりましたが、それでラクになったわけではありません。お店の近くに住んでいなければ体がもたないくらい、仕事が大変だったのです。

どう大変だったかというと、とにかく働く時間が長かった。仕事は基本的に月曜から土曜まででしたが、夜遅くまで働くのは当たり前。それでも私は比較的早くに帰らせてもらっていたほうで、社長や他のスタッフはもっと遅くまで働いていました。

ハマフラワーは土曜や日曜はウェディングの仕事もしていたため、特に木曜と金曜は大忙しで、金曜から土曜の朝一までは毎週のように徹夜です。耐えきれずトラックで30分だけ仮眠してからウェディングの仕事に向かう……なんてこともよくありました。

デンマークでの職業訓練時代も辛いことはたくさんありましたが、仕事はたいてい17時や18時で終わり、土曜は14時で終わって日曜と月曜は完全に休み。2日間半が休みだったので、友達と飲んだり出かけたりバカみたいに遊んで、辛さを吹き飛ばすことができていました。

それが日本では、日曜にウェディングの仕事が入った日は月曜に休みをもらえるとはいえ、休みは週に1回。体力的にも辛かったですが、私としてはリセットする時間が少ないことが何よりも辛かった。自分が思っていたハードワークと日本人にとってのハードワークの差が半端ではなく、完全に圧倒されていました。

ただ、先にも話したように、デンマーク人は仕事と同じように「自分の時間」も大切にします。なので、私もどんなに体がクタクタでも、休日は自分のために刺激を求めて東京に出かけていました。

右も左もわからない、言葉も読めない、話せない国で電車を乗り継いで出かけるのは、それだけで緊張感があってワクワクするものです。ちなみに今は駅の看板など、どこにでもローマ字表記がありますが、当時は日本語表記だけでした。

当時の私のお気に入りスポットは、上野と池袋。上野のアメ横はいつ行ってもお祭りのようで歩いているだけで楽しかったし、池袋ではサンシャインの高さに「ワーオ！」と驚いた記憶があります。

美術館や博物館に行くなどアートな体験はせず、たいていは東京に出て街を歩くだけ。それでも日本に来たばかりの私にとっては十分に刺激的で、もっとも気持ちをリセットできる時間になっていました。

「自分はデンマーク人」という甘えが捨てられない

日本でハードワークをこなす中で、辛かったことがもうひとつあります。それは、「デンマークに帰りたい」という願いを受け入れてもらえなかったこと。半年以上、ほとんど休みなく働き続けたところで一度お願いしてみたのですが、「それはダメです」とあっさり断られてしまいました。

その時、社長に言われたのは「今はここで働いているのだから、私たちのやり方でお願いします」ということ。でも私は、「え？　休みをもらうのは当然の権利のはずなのに何を言っているの？」「帰りたいと言っているのになぜ帰れないの？」という感じで、まったく理解できませんでした。

今思えば、その頃の私はまだ〝デンマーク人の頭〟だったのです。デンマークではサマーバカンスを数週間取るのは当たり前なので、日本でだってバカンスを取ってもいいはず。どうしてデンマーク人の私にまでそんなことを言うのか……。「自分はデンマーク人なんだから特別に扱ってほしい」という甘えがあったわけです。

私は普段、「この人は何者か」なんてことは考えもせずに接してもらえることに、うれしさを感じます。たとえば、田舎に行くと、そこに住むおばあさんが普通に日本語で話しかけてくることがよくあります。日本人の顔をしていようが、外国人の顔をしていようが、そんなのおばあさんにとっては全然関係ない。ただ話したいことがあるから話す。それが私にとってはすごくうれしいのです。

日本に住む私のような外国人の多くはそう思っているのではないでしょうか？

それと同じで、ハマフラワーの社長は外国人である私をいちスタッフとして受け入れ、他の日本人と平等に差別なく接してくれていたのです。**私を決して特別扱いせず、「お前はもう私たちの仲間として働いているんだから、みんなと同じように最初の1年間は長い休みはなしだよ」と教えてくれていた**わけです。

日本語もロクに話せない外国人の若者を、「外国人だからしょうがないね」と適当にあしらわず平等に扱ってくれていたことは、ありがたくうれしいことだと感謝しています。もし、私の願い通り私にだけ休みをくれていたら、川越というその場所でいつしかさみしさを感じていたに違いありません。

でも当時の私は、「自分はデンマーク人なんだから」という気持ちが先に立ってしまい、そのありがたさを理解できませんでした。

そんな私を支えていたのは、やっぱり花がものすごく好きだという気持ちと、花のことを学べるうれしさ、そしてもっと学びたいという思いだったように思います。

また、私と同じように、いやそれ以上に働く日本の人たちにも刺激をもらいました。それこそ我慢して働く仲間たちです。

確かにその当時は、辛い、嫌だという思いが先に立つ我慢だったかもしれません。しかし、一緒に働く仲間たちの姿に刺激を受け、励まされ、ひとつのことをやり遂げようと頑張ると、できることがひとつ増え、やれることがひとつ増え、そして、いつのまにか仲間も増えて、その先に目指す未来がどんどん拓けていくのです。つまり、いい我慢に変わっていくわけです。

デンマークでの厳しいボスのことを理解できたのがずいぶん後だったように、ハマフラワーでのハードワークが自分を育ててくれたことや、自分の甘えと社長のありがたさに気づいたのも、ずいぶん後になってからです。

しかし、そのおかげでどんな大変な仕事でもこなせるようになりましたし、我慢という言葉にも出会えました。

まだ経験の浅い10代や20代では、気づけなかったり理解できなかったりすることはたくさんあります。それは仕方のないことだと思いますが、だからといって、**「こんな理不尽は我慢できない」と、すぐに投げ出してしまうのはもったいない**ことです。

もしこの本を読んでいるあなたがそんなふうに思っているとしたら、「本当にこれでいいのか」と冷静に考えてみるようにしてください。そうすれば状況はきっといい方向に進んでいくはずです。

へこたれない姿が
いい我慢をしている姿

しんどい日々を支える思いとは？

川越で2年ほど頑張っていた頃、ハマフラワーが東京進出のため「クローレ」というブランドを作り、南青山にオフィスを構えることになりました。はじめは本当にウェディングの打ち合わせをするスペースのみといった感じでしたが、私は東京でお店を開くチャンスと思い、「この空間を活用したい」とショップに切り替えることを考え、社長に思い切って提案しました。

詳しくは次の章でお話ししますが、社長は、「あまり予算もないのでお金をかけずにやるならいいよ」と言ってくれ、運よく東京の南青山のお店を任せてもらえることになりました。

いよいよ都会のオシャレな場所でショップが開ける、と喜びはしましたが、本店は川越のままだったので、ウェディング用の花は川越で作って、それを週末に東京に運んで……という、川越と青山を頻繁に往復するハードな日々が続きます。

ショップのほうの仕事も張り切っていたので、朝一番で市場に行くことも多く、毎日寝不足状態。また、1週間働き詰めだったため、川越から青山に荷物を運んだ土曜日に、目が回って倒れそうになってしまったこともありました。

このように日本に来てからしんどい日々が続いたわけですが、それでも決してくじけることがなかったのは、ずっと抱えていた「自分のフラワーショップを開きたい」という思いがあったから。この思いに支えられて頑張り続けることができたのだと思います。

「自分のフラワーショップを開きたい」という思いは、花とビジネスに興味を持ち始めた10代半ばの頃からなんとなく持っていて、職業訓練を終えた19歳の頃にはずっと強くなっていました。

今でもはっきりと覚えていることがあります。それは、学校を卒業してビジネスカレッジに通い始めた時のこと。先生がはじめての授業で「この中でフラワーショップをやりたい人は何人いますか?」と聞いたら、そこにいる30人ほどの生徒全員が手を挙げました。そして、職業教育訓練を終えた3年半後。同じ先生がもう一度同じ質問をすると、私と女性の生徒ひとりの、たった2人しか手を挙げなかったのです。

おそらくみんなは、フラワーショップの仕事の想像を超えるハードさに打ちのめされ、やる気がなくなってしまったのでしょう。

その気持ちもわかりますが、私の場合は「フラワーショップって大変」よりも「フラワーショップをやりたくてしょうがない」という気持ちのほうが勝っていました。なぜなら、自分で工夫して花をアレンジして、それを見たお客さんが喜んでくれる……という体験は、たまらなく楽しかったから。もし自分のお店を開けば、花だけでなくお店全体を自分で作り上げることができるのだから、もっともっと面白くて楽しい世界が待っているはず!

そう考えると、どんどんやる気が溢れてきて止まりませんでした。

クローレのショップを任されるようになってしばらくたってから、私は骨董通りに新たな「クローレ」をオープンさせます。ある日、自転車で営業に回っている時に、古いお店が引っ越しをしているところを通りかかり、最高の場所を見つけたのです。

「ここに自分のフラワーショップを開きたい！」

そう思った私は、すぐさま社長に提案。すべてを自分たちで作り上げ新しいお店をオープンさせました。

それと同時期に、プライベートでも小さなフラワーショップをひっそり開いていました。六本木にあったデンマークレストラン「カフェ・デイジー」のオーナーと仲良くなり、レストランの階段の横のスペースを私のショップにさせてもらい、小さなアレンジメントを置いていたのです。

だから当時の私は、とにかく忙しい日々を送っていました。朝一番で市場に行ってからレストランのショップをオープンして、そこからクローレに行って働き、21時くらいにまたレストランに行ってショップをクローズして……と、まさに走り回っていたのです。

わざわざプライベートでそんなことをするから余計に忙しくなってしまったわけですが、その時は自分のセンスで飾った自分のお店を開くことがあまりに楽しく、やりたくて、やりたくて、しょうがなかったのです。

「やりたい」という気持ちは、何よりも強いものです。

だから、もし強く「やりたい！」というものに出会えたら、その先に大変な苦労が待っていそうでも迷わず飛び込んで大丈夫。どんなにしんどいことも、「やりたい」という気持ちが必ず支えてくれます。

日本人の〝へこたれない〟スピリットはすばらしい

私が〝いい我慢〟を重ねていくうえで必要だと思うことは、この「やりたい」という気持ちと、もうひとつあります。それは「**へこたれない**」という日本人的なスピリットです。

私はもう20年以上日本で働いていますが、日本人を見ていて「いいな」と思うのは、何か失敗してしまっても、乗り越えて行こうと頑張る姿。まさに〝へこたれない〟姿はいつ見てもすばらしいと思ってしまいます。

失敗することについて私は、「**Affordable mistakes**」が少しはあったほうがヘルシーだと思っています。日本語にするのは難しいですが、「ちょうどいい失敗」という感じでしょうか。

極端に言えば、会社が潰れたり仕事を失ったりしない程度の失敗です。致命的ではない失敗で、それを乗り越えるために何かを学び、さらに〝いい我慢〟をして力をつけられるなら、そのミスはもう〝失敗〟ではなく〝勉強〟です。

日本人は仕事の失敗から学ぶことを「高い勉強代だった」などと言いますが、「Affordable mistakes」から学ぶことは、それこそ〝勉強代〟と言えるのではないでしょうか。

実際に私の会社のスタッフもみんな、何か失敗をしてもそれをバネにして頑張っています。以前、とても大きなミスをしてしまったスタッフがいて、「さすがに辞めてしまうのではないか」と心配しましたが、笑顔で乗り越えて今では大きな仕事を任されるまでステップアップしています。

まさに「へこたれない」。彼の場合は「高い勉強代」だったかもしれませんが、頼もしい限りです。

もし、あなたの職場や仕事仲間に、へこたれないスピリットでどんな大変なことも乗り越えている人がいたら、とてもラッキーです。お手本が近くにいるということですし、そういう人がいると、仕事もいい方向に流れていくものです。へこたれないスピリットを持つスタッフが揃った私の会社にはいつもいい風が吹いています。

COLUMN

特別なチャレンジができる環境、それが日本だった

卒業旅行からデンマークに戻った私は、フラワーショップに就職しました。そこは、普通のフラワーショップよりはちょっとオシャレな感じの下町のお店で、社長の女性は、職業訓練時代のボスとは真逆のとても優しい人でした。

19歳の若い私を、ストアマネージャーに抜擢してくれ、お店のディスプレイも任せてくれたので、とてもやりがいを感じる職場でした。

ほかにも、さまざまなコンテストへの出場を勧めてくれたり、「溶接を勉強したい」と言ったら仕事を休んで技術習得のための講座を受講することを勧めてくれたりと、私が成長できるよう、とにかく応援してくれたのです。

デンマークには「インターフローラ」という日本の「花キューピット」と同じシステムがあるのですが、ある時、そのインターフローラが主催するイベントで

デモンストレーションをすることを勧めてくれました。

インターフローラのメンバーはたくさんいるのですが、これまでデモンストレーションをした人の中で当時の私は一番若かったそうです。なので、プレッシャーも大きく、私はたくさんスケッチし、たくさん練習もして、なんとか素敵な作品を考えました。しかし、デモンストレーションの当日、あまりに緊張してしまった私は、ステージに立つと言葉がまったく出てこなくなってしまったのです。作品は作れるが何もしゃべれない私を見かねた社長が、代わりに全部説明をしてくれました。

言い訳みたいですが、その時はデンマークが世界に誇るフラワーアーティスト界の巨匠で、私の憧れの人でもあるターゲ・アンダーセンさんも会場に来ていて、完全にフリーズ状態。当時の私にとってはまさに王様が来たような感じで、この出来事は一生忘れません。

このように、いろんなことにチャレンジさせてもらえる環境なんて、今考えてもそうそうありません。

でも、デンマークに戻って働き始めて1年がたつ頃、私はもっと「特別なチャレンジ」がしたくなり、卒業旅行で「エンドレス・ポテンシャル」を感じた日本に再び行くことを決意しました。これには身近で仕事を見ていたお父さんがいろんな事業にチャレンジしていた影響もあると思います。その当時から私には満足して新たなチャレンジをしなくなったら、自分の可能性や成長はそこで止まってしまう、という考えがあったのです。

チャレンジに終わりはない。
自分にはもっとできることがあるのではないか。
もっと特別なチャレンジをすれば、できることがもっと広がるのではないか。

もしあなたが、今よりも大きく素敵な自分を目指すのなら、この考えはどんな環境にいても持ち続けるべきです。私の場合、その気持ちがどんどん膨らんだ時、〝特別なチャレンジの場所〟として選んだのが〝日本〟だったのです。

第 2 章

DIY

自分の柱となるストーリーを作る

ＤＩＹにはストーリーが宿る

ＤＩＹ＝自分でやる

ＤＩＹと聞くと、家のメンテナンスやちょっとした家具作りを思い浮かべる人が多いと思います。「ＤＩＹが趣味」という人もたくさんいるように、自分の好きなようにモノを作るのは楽しいことです。

そもそもＤＩＹ（Do It Yourself）は「自分でやる」という意味ですが、私はこれまでどんなことでも「とにかく自分でやってみる」ようにしてきました。

たとえば、はじめて任せてもらったお店の内装もそうですが、展覧会の会場などは、時間やあらゆる制約の中で許される限り、ＤＩＹで作り上げるようにしています。大きな什器だって自分で作るし、展覧会では土台から花を飾る器まですべて手作りすることもある。もちろんひとりではやりきれないので、スタッフ総出で力を合わせて作ります。

そんな私を見て「なぜそこまでやるのですか?」と質問をしてくる人も少なくありません。私が「自分でやる」ことにこだわるのは、そもそもデンマーク人が何でも自分で作ってしまうといったDIYな国民であるからかもしれません。ただ、私がDIYにこだわるのは、もっとほかの理由があります。

それはDIYにはストーリーが宿るからです。

すべてをDIYで作るというのは、〝ストーリー〟になります。

「自分がイメージしているものがなければ、作ればいい」、そんなふうに自分たちの理想を思い描き、悩んだり失敗したりしながらそのブランドの〝らしさ〟がきちんと打ち出されたものを作り上げ、それが積み重なっていく……。

これは立派なストーリーです。

私はブランドというものには2種類あると考えています。ひとつは、このようなストーリーとともに作り上げられてきたブランド。もうひとつは、ディスカウントをウリにして作られたブランドです。

どちらを選ぶかは、もちろんコンシューマー（お客さん）の自由。買う目的や使えるお金に合わせて、2種類のブランドを使い分けている人も多いでしょう。

「どちらにしたってお客さんが来るなら、ストーリーなんて面倒なことは考えないで安く売れればいいじゃないか」と考える人もいるかもしれません。ただ、お客さんは間違いなく「ストーリーがあるかないか」ということに自然と興味を抱きます。値段は関係なく、長く愛され続けるのはやっぱりストーリーのあるブランドなのです。

たとえばユニクロは、リーズナブルなだけではなく「いろんな開発や挑戦をして機能性やデザイン性も追求し続けている」といった日本らしいこだわりがあるから、あれほどうまくいっているのではないでしょうか。ただ「私たちが一番安いです」とディスカウントだけにフォーカスしていたら、世界を相手にできるほど大きくはならなかったと思います。

ストーリーとは人種や国を超えて伝わるブランドの強みなのです。

私のお店に対しても、「デンマークから日本に来たニコライがこんなものを作った」というストーリーに興味を持ってくれている人がいます。

たとえば、フラワーショップとカフェを併設した南青山のフラッグシップストアも内装はほとんどＤＩＹで作り上げました。それを知ったお客さんは空間ごと味わうようにお花選びやお茶を楽しみ、また訪れてくれるケースが多いです。展覧会でも、「この器も私が作りました」などと伝えると、お客さんは「そこまでこだわってやってるの⁉」と驚いて喜び、よりじっくりと作品を楽しんでくれます。つまり、ＤＩＹは「ニコライ バーグマン」のストーリーに欠かせないものなのです。

自分でやるからこそストーリーは生まれる

私の東京進出は１９９９年。すでにお話ししたように当時働いていた川越のハマフラワーが「クローレ」というブランドを作り、南青山にオフィスを構えた時のことでした。当初はショップはなくオフィスのみで、東京でのウェディングの仕事の打ち合わせや、作業の一部をそこでこなすという状態でした。

でも私には、刺激的で憧れの街である東京でお店をやりたい、という気持ちが強くあったので、「オフィスの一部でショップをやりませんか？」と社長に提案したところ、「改装しないなら」との条件付きでOKをもらいました。

ただ、改装はしないといっても、オフィスの中で花を売るのはあまりに味気ない感じなので、室内を白いローラーカーテンで仕切り、手前はお店、奥はオフィスという形にしました。

そんな即席の簡単なお店でしたが、「東京でお店ができる！」と私の心はワクワクでいっぱいでした。南青山とはいえ裏通りのひっそりとした場所にあったので、お店の前を通るのは近くにオフィスがある人だけ。一日に3人くらいしか通らないような日もありましたが、ワクワク感はずっと続いていました。

そのうち、ちょこちょこと仕事が入ってくるようになります。近くにダナキャランNYの日本のオフィスがあって、店の前を通るスタッフといつもあいさつをしているうちに、展示会で花を飾らせてくれたり、ほかの仕事を紹介してくれたりするようになったのです。自分であちこちに営業をし、表参道の「MAX&Co.」で花を飾ったこともありました。当時はそうやって少しずつクライアントを増やしていきました。

ストーリーはどんな仕事でも評価される

その頃には川越から西麻布の古いアパートメントに引っ越していたため、近場の仕事はいつも自転車で回っていました。骨董通りもよく走っていたのですが、ある日、お店が引っ越し作業をしているところを通りかかります。そのお店はとてもボロボロの建物なのですが、場所はとてもよく、以前から気になってチェックしていたお店だったのです。

ちょうど店の前に立っていたテナントの主人に「ここどうなるの？」と聞いたら、「わからない」とのこと。これはチャンスだと思い、さっそく社長に「あそこに新しいクローレを開きたい」と相談しました。社長は最初「無理でしょ。賃料も高いし」という反応でした。しかし、「お金がかからないように自分で改装しますから！」と何度も何度もお願いをし、やっとのことで説得。東京のオシャレな街の最高な場所に、自分でお店を作れることになったわけです。

「自分で改装する」と言い切ったものの、はじめての本格的なＤＩＹは、それは大変なものでした。壁も天井もドアも窓もすべてボロボロだったので、それらを全部取り換えなければいけません。床を張るのも、壁やドアにペンキを塗るのも、当然全部自分です。もともと古い下駄屋さんで、壁をはがすと仏壇が出てきたこともありました。

川越のスタッフに手伝ってもらったり、友達を呼んで手伝ってもらったりもしましたが、メインとなって作業をしたのは私ひとり。狭いスペースでしたが、完成まで2週間以上かかりました。それでも、「大変だった」という記憶より「楽しかった」という記憶のほうが強く残っています。自分でレイアウトを考え、それを自分の手で形にしていく作業は、想像以上にクリエイティビティが満たされるものでした。

自分で自分を褒めるようですが、完成したお店は、とても素敵なフラワーショップで、今よりずっと賑わっていて、オシャレな人たちが集まる場所だった骨董通りに、しっくり馴染んでいました。今も一緒に働くスタッフの中には、このお店で出会った人も何人かいるのですが、みんな面接を受けにきたきっかけを「素敵なお店なのでここで働きたいと思ったから」だと話してくれています。はじめての大規模なＤＩＹが作ってくれた縁が現在まで続いているとは、これもまたひとつのストーリーではないでしょうか。

ストーリーを作ることは、スタッフにとっても大切なことです。もちろん私自身もクリエイティビティが満たされモチベーションが上がりますし、おそらくスタッフも、作り上げるまでの思い出が詰まった愛着のある空間で働いたり、自分で作り上げたものに対するお客さんの反応を見たりすることで、同じ気持ちになっていることだと思います。

みなさんもちょっと考えてみてください。面倒だからと仕事を他人に任せてばかりいたとして、その仕事を愛着を持って進めることができるでしょうか？ロクに関わらず愛着も持っていない人が進めた仕事を、人（お客さん）は気に入ってくれるでしょうか？

きちんと関わり、自分で作り上げたことで生まれる〝ストーリー〟は、どんな仕事においても評価されるものだと私は思っています。

大切なのは売れるかよりも完璧であり続けること

「自分のデザイン」を本格的に形にするということ

自分で作り上げた新しいクローレでの仕事は、とても充実していました。私の代名詞的な作品となった「フラワーボックス」が誕生したのもちょうどこの時期です。いろいろなことを試しながら、自分のセンスを表現していくことに喜びを感じていました。とはいえ、私はクローレのオーナーではなく、そこで働くデザイナーのひとり。自分のセンスばかりを押し出すことはできません。その部分には少し物足りなさがあったのも事実です。

そんなある日、驚くようなチャンスが舞い込んできます。セレクトショップを展開する「エストネーション」のバイヤーが、「有楽町のエストネーションでショップを開きませんか？」と声をかけてくれたのです。

エストネーションとはご存知の人も多いかと思いますが、大人の男性・女性をターゲットに、ウェアやコスメ、雑貨をはじめ、生花などギフトアイテムまで販売するセレクトショップで、２００１年の有楽町店が第１号店、六本木ヒルズ店は２００３年にオープンしました。

エストネーションの提案は、クローレが支店を出すのではなく、私がクローレとは別の新しいブランドとしてお店を出すというもの。日本にやってきて数年、フラワーデザイナーとしてのキャリアもまだ短い若者が、有楽町という東京のど真ん中でお店を立ち上げるなんて、とんでもない大抜擢です。

ただ、大きな話でもあるのでハマフラワーの社長は不安だったようで、すぐにＯＫの返事はしませんでした。確かに、この話は、私のフラワーデザイナーとしての腕前を純粋に評価してのものではなかったと思います。

当時は日本で活躍する外国人のフラワーアーティストがいなかったので、それだけでバリューがありました。それでも、大きなチャンスがやってきたことには変わりません。エストネーションサイドからも社長を説得してもらい、なんとか挑戦できるようになった時は、言葉では言い表せないほど興奮しました。

それからすぐにオープンに向け、エストネーションでのコンセプトと私のセンスをすり合わせながら、お店で出す花のテイストや看板商品とする予定の「フラワーボックス」の新しいデザインを作り上げていく作業が始まりました。

当時、エストネーションのPRを担当していた高橋みどりさんからは「エストネーション有楽町店はビジネスパーソン向けのお店なのでクールさが欲しい」とのオーダーがありました。私はもともとシンプルでタイトなデザインが好みだったので、方向性は同じでした。

それでも、街のフラワーショップでかわいいブーケを作ることが多かった私の作品には、どこか可愛らしさが残っていたのか、試作を作っては見直すことを繰り返しました。本当に何度も何度も。そうやって、最初に話が来てから2001年9月にお店がオープンするまでの半年ほどの間に、私とエストネーションの双方が納得するテイストとフラワーボックスのデザインを完成させていったのです。

結果として、私の理想とエストネーションのコンセプトがフィットし、今に繋がる

〝ニコライ バーグマン〟のテイストが生まれました。

クローレでも自分のセンスを試し、楽しむことはしていましたが、エストネーションに出店するにあたって、やっと〝自分のデザイン〟というものが本格的に形になったこの時の感動は忘れられません。

オープンしたお店の名前は、「Nicolai Bergmann Flowers & Design」。努力と縁の積み重ねとはいえ、まだ20代半ばの若者が、遠い異国の地で自分の名前のお店を持つことができてしまったのです。

素敵なお店を作って〝お客さんゼロ〟はあり得ない

そうしてスタートした有楽町のお店でしたが、すぐに注目を浴び人気が出たわけではありません。まずはファッション系やデザイン系などの仕事をする感度の高い人の目にとまり、そこから雑誌に取り上げてもらったり口コミで広まったりして、徐々に話題になり、結局、お客さんが増えてくるまで1年くらいはかかりました。

大抜擢されて、自分の名前がついたお店を出したというのに、お客さんがなかなか来ないなんてどうしよう……。そんなふうに焦ったのではないかと思う人もいるかもしれません。でも、私に焦りはまったくありませんでした。

どうして焦りがなかったのか？　それは、自信があったからです。お店の空間作りにも、フラワーデザインにも自信があったから、「いつか必ずお客さんがたくさん来るようになる」と前向きな気持ちでいられたのです。

お客さんの少ない日が続いても、「常にいいものを見せよう！」とお店に作品を並べる。そういう意欲で溢れていました。


私はよく、会社のスタッフにこんな話をします。

「すばらしい出来栄えのフラワーボックスを何個も置いて、アレンジメントも大中小3サイズをきちんと揃えて、プリザーブドフラワーも華やかに見せて、商品にはきちんと値段を入れておいて、壁に飾ってあるグラスもきれいに磨いて、ほかのディスプレイもきれいに配置して……と、お店がすべて完璧な状態になっていれば、それでOK。1円も売れなくてもいいよ」と。

なんで「売れなくていい」なんて言うのかというと、そんなことは絶対にあり得ないからです。お店が完璧なのに、1円も売れないなんてことはあり得ない。**完璧であれば絶対に売れるのです。**

世の中の多くの人は「売れるか売れないか」ということを先に考えすぎなのです。「なぜこれを作るのか?」「どう作るのか?」「どう作れば魅力的になるか?」ということをじっくり考える前に、「売上」ばかりを意識してしまうから、もっとも大事なモノづくりの部分に注ぐ目線がブレたりぼやけたりして、うまくいかなくなってしまうわけです。

自分がやりたいこと、自分ができることを完璧にやるのがまず第一で、「売れるか売れないか」なんてことは後からついてくる。もし売れなければ、それは何か足りない部分があったということで、やり方を見直していけばいいのです。

これは有楽町にお店を出し、経験を積んで実感した部分も大きいので、当時はここまでは考えていなかったかもしれません。でも、「今日もお店を完璧に仕上げた」「だからお客さんは来る」「だからこれからも手を抜かない」という考えは当時から強く持っていて、その考えは間違っていなかったと思います。

コンフォートゾーンを抜け出すことの大切さ

常に自分の責任で働く意識を持つ

エストネーション有楽町店のショップが軌道に乗り、2003年にはエストネーション六本木ヒルズ店にもショップをオープン。作品集の制作や展覧会などショップ以外の仕事も増え、バタバタと忙しい毎日が続きました。

そんな中、私は自分の会社を立ち上げて独立することを考え始めます。「会社として」ではなく「個人として」働くことが増えていたため、独立したほうが自然なのではないかと思うようになったのです。

ただ、私は仕入れや売上、給料などのコストを計算するといった店舗運営のやり方はわかっていましたが、会社を立ち上げることについてはまったく知識がありません。そのうえ、外国人であるのですがに無理かな……とも思いましたが、妻であるアマンダの協力もあり、少しずつ挑戦することにしたのです。

お世話になったハマフラワーの社長に独立の話をするのは心苦しかったですが、社長はそれほど驚きませんでした。きっと「近いうちに独立するだろう」と思っていたのかもしれません。そこからは、お父さんやお母さん、アマンダや友達からもお金を借りてどうにか資金を用意して……と、どんどん準備が進んでいきました。

「会社を立ち上げて独立する」というと、すごく大変で難しいことのように感じる人が多いと思いますが、会社を立ち上げる方法なんてネットや本で勉強すればすぐにわかるし、資金だって調達先がまったく見つからないということはないと思います。外国人の私が言うのですから、間違いありません。独立なんて実際にやってみれば、立ちはだかる壁は決して大きくなかったと思うはずです。

独立そのものに対する不安も私にはまったくありませんでした。

なぜなら、それまで会社の一員ではあったけれど、ずっと自分の責任で働いてきたから。指示通りにただ動くのではなく、自分でやりたいことやベストな方法を考えて、自分からどんどん動いて……と、自分の会社であるのと同じような感覚でずっと頑張ってきたので、「意識や働き方をガラリと変えなければいけない」というプレッシャーはなかったように思います。

自分で何かをやるということはそのことに対しての責任を持つことでもあります。転職や独立が当たり前のようになってきている今の時代は特に、そういった経営者の目線を持っておくことは大事なことだと思います。

とはいえ、今ある地位や収入を捨て、いきなり独立なんて無理という気持ちもわかります。どんな人でもコンフォートゾーン（居心地のいい場所）からは出たくないものです。

けれど、胸がワクワクするような新しいことや楽しいことは、そのコンフォートゾーンを抜け出した先に待っています。そのことを私に教えてくれたのはお父さんでした。

ワクワクはいつもコンフォートゾーンの先にある

14歳の頃、私はお父さんとスウェーデンのStorlien（ストーリアン）までスキーをしに行ったことがあります。飛行機でストックホルムまで行き、飛行機を乗り換えて2時間、そこからさらに電車で2～3時間かかる、スウェーデンのラストストップの小さな街です。いつも仕事で忙しいお父さんと親子2人で何かをするというのははじめてだったので、とても楽しみでした。

宿泊したホテルはスキー場のすぐそば。ホテルを出て目の前にちょうどいいスロープがあり、夕方になってホテルに戻るまでそこでずっと滑っていました。

でも、本格的にスキーを楽しめる場所はそこではありません。

リフトで登って反対側を向くと、急なコースがたくさんある、とても広いゲレンデが広がっているのです。

お父さんは何度も「カモン、カモン！　あっち側で滑ろう！」と誘ってくれましたが、14歳の私には怖くて怖くて……。

滞在していた1週間の間ずっと「嫌だ、怖い！」と断り続け、最後はお父さんも「なんで来ないんだ！　あっちには楽しいことがいっぱいあるのに！」と呆れていました。

そして、その次の年。また同じ場所にお父さんと2人でスキーに行ったのですが、私はまた同じように「怖い、怖い！」とホテルの目の前のスロープでずっと滑っていました。

でも、「楽しいことがいっぱいある」というお父さんの言葉がずっと気になっていたので、滞在4日目に、勇気を出して滑ってみたのです。

すると……あんなに怖がっていた反対側のゲレンデは、想像をはるかに超えて楽しいものでした。楽しくてしょうがなくて、そこからの数日でスキーの腕前がグンと上達するほど、ずっと滑り続けました。

誰にでも「怖いからやりたくない」というものはあり、それは当然のことだと思います。たとえば、空高く飛ぶ飛行機からパラシュートを着けて飛び降りる……なんて、そう簡単にできません。仕事で言えば、「失敗してしまうかもしれない」と思ってチャレンジできなくなるのも同じことだと思います。独立したくてもなかなか踏み出せずにいるというのも、まさに同じようなことなのかもしれません。

それらはある意味自分の中でリミットを作ってしまっている状態です。つまりコンフォートゾーンの中から抜け出せずにいるのです。

お父さんは私にコンフォートゾーンを抜け出す大切さを教えてくれました。だから今の私があるのだと思っています。

あなたがもし、少しでも成長したい、夢を実現させたいと思うのなら、時にはリミットを取っ払い自ら動き出すべきだと思います。そうしなければ何も変わらないのですから。**居心地のいい快適な居場所の外には、あなたをワクワクさせる出来事がきっと待っている。**私は常にそう思って行動しています。

最初のイメージよりも納得感を大事にする

「AにならなかったらBになる」という柔軟性でモノを作る

会社を立ち上げてスタッフを抱える立場になってからも、私は変わらず現場で働き続けていました。

ゼロから作品を生み出すフラワーデザインには無限の可能性があり、チャレンジの連続。私はこの仕事を始めた頃から今まで変わることなく、このチャレンジが楽しくてしょうがありません。

作品を作る時、私はまず自分の中でイメージを作り上げます。でも、「絶対にその通りに作り上げる」という気持ちはありません。生き物である花は思い通りのものが入ってくるとは限らないし、リアルに作品を作り始めてみるとイメージ通りにいかないこともあるからです。

だからといって、大量に買い付けた花や木の枝などを、イメージ通りにいかなかったからとムダにしたりはしません。

「Ａにならなかったら Ｂになる」というふうに、その時そこにある空間と素材で作れる最高の作品を作ろうと、私はいつも心がけています。


たとえば、私は２０１４年から太宰府天満宮で1年おきに展覧会を開かせてもらっているのですが、そこでの作品づくりでも「ＡからＢへ」と路線変更をすることはしょっちゅうです。

確かあれは２０１６年に太宰府天満宮で2回目の展覧会を開いた時だったと思いますが、延寿王院山門の前に置く大きな作品を何日もかけて作り、もう少しで完成といったところで一からやり直したことがありました。太宰府天満宮の庭を任されている剪定班の人たちをはじめ、太宰府天満宮の展覧会に関わるスタッフのみなさんからも、「あれは驚いた」と、会う度に言われ続けています。

確かに、太宰府天満宮での展覧会は限られた短い時間でスケールの大きな作品を作るので、そんなことをしたら驚くのは当然です。

でも、仕上げる作品に妥協はしたくない。そこはアーティストとして守り抜きたい部分ですし、ありがたいことに私の会社のスタッフや剪定班をはじめとするスタッフのみなさんも理解してくれています。

だから、「驚いた」「大変だった」という感想だけでなく、必ず「でも完成した作品は最高だった」とも言ってくれています。妥協していないからこそ、感動はお客さんにも伝わるものです。

途中で変化しても結果がよければそれでいい

そんなふうに作品作りに取り組んでいる私が一番「嫌だな」と思うのは、クライアントのいる仕事の時に「先にラフスケッチを見たい」と言われてしまうことです。

頭の中のイメージをラフに起こすのは別に構いませんが、それを見た相手はどんなに「ラフのスケッチですから」と説明しておいても、「この通りの作品が完成する」

と思い込んでしまうので、途中での路線変更に渋い顔をするようになってしまうからです。

大切なのは、イメージ通りの作品を完成させることではなく、その日の花の状態や場の雰囲気などのライブ感も含めて、自分がしっかり納得できる作品を作り上げること。そのほうが、結果としてお客さんもクライアントも喜んでくれます。

フラワーデザインに限らず、ビジネスでも会社の経営でも、「最初のイメージ通りに作らなくては（進めなくては）いけない」というカチカチの考えは、物事の可能性を狭めてしまうと私は考えています。**何かを作り出す時は、「途中で変化しても結果がよければいい」という柔軟性があったほうがいい。**

これは真面目な性格の日本人にはちょっと苦手なことかもしれませんが、自分でビジネスを起こしたいと思っている人は特に持っておいたほうがいいスタンスかもしれません。

無理なことほど ポジティブなエナジーを生む

無理なものを無理としない姿勢の大切さ

仕事をしていて一番ワクワクするのは、新しいオファーが来た時です。ここからどんな出会いが生まれるのか、どんな作品を生み出すことができるのか……。「新しいことに関わる」というのは、ビジネスマンとしてもアーティストとしても、とてもエキサイティングなことだと思います。

20代~30代の頃の私は、とにかく〝fearless〟。恐れも心配もなく、新しいオファーが来ることがただただうれしくて、常にアクティブに突っ走っていました。当時の私に「仕事を断る」という選択肢はなく、これを引き受けたら倒れてしまうのではないか……という仕事量でも、喜んで取り組んでいました。

ただ、さまざまなクライアントと関わるとなると、「向こうの依頼とこちらのできることが折り合わない」ということがどうしても起こりがちです。難題を持ちかけられ、「現実的に厳しい」「コストがかかりすぎる」と、思わず頭を抱えたくなることも度々あります。

そんな時は、「できない」「無理」というネガティブなエナジーに引っ張られずに、その難題をいかにポジティブなエナジーに変換するかが大事になってきます。

「できない↓じゃあ断ろう」ではなく、「できない↓じゃあどうすればできる?」と考えると、不思議と創造力がどんどん湧いてくる。難易度が高ければ高いほど、そのエナジーは大きくなり、自分でも驚くような新しい発想が生まれたりもします。

無理から生まれたフラワーボックス

私がそのことを強く感じさせられたのが実は「フラワーボックス」なのです。

フラワーボックスは、あるブランドからの「プレスパーティーで配る手土産として、積み重ねて置けるフレッシュフラワー（生花）を使ったフラワーギフトを作ってほしい」というオファーをきっかけに誕生しました。

今、サラッと読み流した人もいるかもしれませんが、〝フレッシュフラワー〟を〝積み重ねる〟というのは、普通では考えられないオファーだったのです。

当時はフレッシュフラワーのギフトと言えばアレンジメントやブーケが主流でしたから、それを積み重ねるなんて「無理！」「花は重ねられない！」という考えしか浮かびませんでした。

だからと言ってとにかく当時は〝fearless〟だったので断るなどという選択肢はなく、「何かいい案はないか」とずっと考え続けていました。

「積み重ねるにはボックスのようなものに入れる必要がある」、そこからいろいろなボックスを買ってきてはアレンジメントやブーケを詰めてみました。

ところが、それらをボックスの中にコンパクトにかつキレイに収めるのは意外と難しく、コストもかなりかさんでしまいます。

そういった感じで、「ああでもない、こうでもない」といろいろ試しているうちに、「じゃあ、花を直接ボックスに敷き詰めてしまったらどうか」と、ふと思いついたのです。「何が入っているんだろう？」とボックスの蓋を開くと、色鮮やかな花たちが詰まっている……。思いついたままに試してみたら、そんなサプライズ感に溢れた、ギフトにぴったりの作品が完成しました。

このオファーは事前にコンペがあり、そこで負けてしまったので実際にパーティーで使用されることはありませんでした。それでも、「これまでにない斬新で美しい作品だ」という自信があったので、商品として店頭に並べることにしたのです。そこからは、すでにお話しした通り。エストネーションのバイヤーの目にとまり、ショップの看板商品とするためにさらに洗練された作品に練り上げ、気づけば私のシグネチャー・アイテムのひとつとなっていきました。

自分のできる範囲のコンフォートゾーンで物事を考えていたらフラワーボックスは生まれていませんでした。92ページでもお話ししたように**仕事でもアートでもコンフォートゾーンを超えたところに人を感動させる、ワクワクさせるものがある**のです。

作り上げたストーリーはいつしか拠り所となる

フラッグシップストアは最大のチャレンジ

第1章で、「Affordable mistakes＝〝会社が潰れたり仕事を失ったりしない程度の失敗〟ならあったほうがいい」とお話ししました。チャレンジをする時も、このラインを守れるチャレンジなら、ひるまずに踏み切ったほうがいいと私は思っています。

……と言いながら、過去に一度、「もし失敗したら会社が潰れてしまうかもしれない」という大きなチャレンジをしたことがありました。それは、2010年のフラッグシップストアのオープンです。

今も変わらずフラッグシップストアがある南青山のあの場所は、当時の私にとっては立地も広さも贅沢で、賃料も目玉が飛び出そうになるほどの高さでした。まさに「これがダメだったら会社は完全に終わり」というギリギリを超えたライン。それでもチャレンジしたのは、「これくらいの規模のショップを持って、もっと自由に自分の表現を楽しみたい！」というパッションを抑えられなかったからです。

それまでのショップはエストネーションや伊勢丹などの中にテナントとして入っていたので、できることに制限がありました。たとえば、「導線をこれくらい確保しなければいけない」とか「天井からはモノを吊り下げてはいけない」といったさまざまなルールを守らなければいけませんでした。

仕方のないことではありますが、素敵な色合いのオーナメントを見つけた時に、「これを天井から吊るしたら面白いはず」と思いついても実行できないのは、やっぱりもどかしいものです。これまでお店の空間づくりも含めて「ニコライ バーグマン」というブランドをそれこそＤＩＹで作り上げきたので、自分たちのパフォーマンスを最大限に見せられる場所が欲しかったのです。

それは私だけでなくスタッフも同じでした。もうワンステップ上を目指したい……、みんながそういう気持ちになっていたと思います。

現在のフラッグシップストアの物件を見つけたのは、そんな気持ちがピークに高まった時でした。私は、この物件を見て「感度の高い人が集まるこの場所で、こんな大きさのショップを持てたら最高だな」と思うと同時に、もうここにショップをオープンさせることを決めていました。

普通であれば、そんな大きなチャレンジをする時はいろんな人に相談し、かなりの時間悩むものだと思いますが、私が悩んだ時間は1秒もありませんでした。パッションは100%だったので、「やるかやらないか」ではなく「できるかできないか」だけ。

より正確に言うと自分の中ではお金のことだけが問題で、そこがクリアになれば突き進むのみという気持ちだったのです。

当時はキャッシュフローのバランスもあまりよくなく、そんな状態で毎月高額な賃料を支払うというのは、真っ当な経営者やビジネスマンから見れば「バカなんじゃないの?」という状態だったと思います。

それでも、資金をかき集めればオープンにはなんとかこぎつけられそうだったので、リスクよりもパッションやチャンスを取って、大きなチャレンジに踏み切りました。

自分たちでやるからこそ生まれるものがある

「実際にはうまくいったからいいけど、失敗したら会社が潰れるような挑戦をするなんて経営者としては失格だ」と思う人もいるかもしれません。確かに、その通りです。でも、チャレンジに踏み切ったからには、当然のことながら「失敗はしないだろう」という自信のようなものはありました。

いつものようにＤＩＹで自分たちが求める素敵な空間を作り、そこにまた自分たちが作った素敵なものがあれば自然とお客さんは入ってくる。その**自信の裏には、すでにＤＩＹをやりながら積み重ねてきた「ニコライ バーグマン」というストーリー（ブランド）があった**のだと思います。だからこそ、自分たちを信じることができたのでしょう。

もちろんお店作りを始めるにあたり、「どうやって新しいお客さんを呼び込むか」ということはたくさん考えました。駅から近い好立地とはいえ大きな通りには面していないし、せっかく広いスペースがあるので、何か新しいことを始めたほうがいいと思ったのです。

そのことはアマンダにも相談していたのですが、ある時「あの辺はサンドイッチやジュースを売っている場所がなくて困る」という話になり、カフェを入れることを思いつきました。

人が集まるところと言えば、「ドリンクとフードがあるところ」です。今でこそカフェを併設したショップはたくさんありますが、10年前はまだそういうスタイルが流行っていなかったので、我ながらいいアイデアだったと思います。

とはいえ、実はカフェのほうは最初はお客さんがまったく来ませんでした。フラワーボックスが広まった時と同じで、ファッションに敏感な人が「素敵な花に囲まれた心地よい空間がある」と見つけてくれて、そこからゆっくりと話題が広まっていった感じでした。

ありがたいことに、この10年間でかなり人気が出て、席が取れないことも多くなりました。お客さんがあまり入っていないオープン当初から来てくれているヘビーなリピーターの方には申し訳ない部分もありますが、ショップとしてはとてもうれしいこと。最初に考えた通り、「人が集まるところ」になれたわけです。

フラッグシップストアのオープンは「会社が潰れるかも」という緊張感いっぱいのビッグチャレンジでしたが、ここにショップを構える前と後ではスタッフのモチベーションも明らかに違っています。オフィスも併設していますが、オフィスで働くスタッフも、ショップで働くスタッフも、「ニコライ バーグマンらしさ」が溢れた空間で自由に働けることで、みんなイキイキとしています。

DIYで築いてきたストーリーは、いつしか自分たちのモチベーションとなり、そこにブランドというプライドが生まれ、大きなチャレンジができるようになった。

カッコをつけているようですが、その基本はＤＩＹ＝「自分でやること」。実にシンプルなことなのです。

原点さえブレなければ道は途切れない

DIYは大切な原点

ＤＩＹは「ニコライ バーグマン」というブランドに欠かせない要素で、会社が大きくなった今でもＤＩＹを続けているとお話ししましたが、正直に言うと、ここ数年はＤＩＹを続けることが難しくなってきていました。

活動の幅が広がり、フラワーショップの仕事だけに専念できない状態が続いていたうえ、最近は海外に滞在する時間も増えて、私のＤＩＹにかけられる時間が本当に限られてしまっているからです。

しかも、会社がどんどん大きくなり、それに合わせて仕事のスケールもどんどん大きくなってきたことで、「ＤＩＹでどこまでやっていいのか」という疑問も度々頭に浮かんでいました。周囲からも「そこまでＤＩＹでやるのはおかしいんじゃないの？」「専門のプロにもっと任せたほうがいいよ」と言われるようにもなり、「そうなのかもしれない」と思うことが増えていたのです。

でも、いったん立ち止まって、じっくり考えてみました。

そもそも、なんで私はＤＩＹを始めたのか？　それは、自分のセンスや世界観を表現するにはＤＩＹが一番しっくりくるし、ＤＩＹをすると気持ちを深く込めることができるから。

もちろん、経営者としてのコスト意識からＤＩＹを選んでいる部分もあります。自分でやったら１００円なのに外に頼んだら５００円かかるとなると、「自分でやったほうがいい」と思ってしまう。会社が大きくなってからも、「自分でできるならわざわざお金をかけずに自分でやる」という考えはクローレの時代から変わらず持っていました。

気持ちを込めて自分の手で作ることはブランドのイメージやストーリーを作ることに繋がるし、何でも簡単に業者任せにしないコスト意識は経営者に必要なものです。そこを忘れてＤＩＹを面倒くさがるようになってしまうのは「とても危ない」。「ニコライバーグマン」が積み重ねてきたものが崩れてしまいかねません。

やっぱり私は、どんなに忙しくてもＤＩＹをできる限り続けていこう。じっくり考えたことで、そんなふうに大切な原点に立ち返ることができました。

ＤＩＹで自分を見つめ直す

２０１９年はロサンゼルスのショップがオープンしたため、オープン前に２ヶ月ほどかけて一からＤＩＹで店舗作りをしてきました。壁も床もインテリアも什器も、外も中もすべてです。ここまで徹底的にＤＩＹに取り組んだのは久しぶりで、あらためてＤＩＹの楽しさと大切さを思い出しました。

また、今箱根での大きなプロジェクトが進行中なのですが（２０１９年12月時点）、「さすがに業者に頼もう」と相談したら、結構な見積もりが上がってきました。それを見た私は、いったん全部をストップ！「こんなにお金をかけた大きくて立派な建物が本当に必要か？」と冷静に自分に問いかけてみたところ、答えは「ＮＯ！」。そこで、「もっと小さく、もっと自分で手をかけたものを作ろう」と軌道修正することにしました。

今の私にとってＤＩＹというものは、自分を見つめ直す〝いい機会〟になっているのかもしれません。

とはいえ、やっぱりすべてをＤＩＹするのは難しいという状況は変わらないので、最近は外に発注するのではなく、私をよく知る会社のスタッフたちにお願いするという形でＤＩＹを実現しています。

話を聞くと、スタッフたちは「ＤＩＹは大変だけど楽しい。もう一から作るのが当たり前の感覚になっている」とのこと。しかも、昔からＤＩＹの作業中に人手やモノが足りないなど困った事態になると、なぜか力になってくれる人が救世主のように現れるので、私が現場にいなくてもピンチに陥ることはないようです。

こんな幸せな環境に恵まれているのは、やっぱりDIYで「ニコライ バーグマン」というストーリーを積み重ねてきたからだと思います。だからこそ「自分でやる」という気持ちは絶対に失ってはいけないのです。

仕事に慣れたり仕事のステージが変わったりした時ほど、人は自分のストーリーをおろそかにしがちです。

周りに流されず、時にはしっかり自分の作り上げたストーリーと向き合って、自分の将来（夢）と自分自身を見つめ直すことも必要です。

COLUMN

「もったいない」の意味を間違えていない？

私はモノを簡単に使い捨てることはまずありません。

イベントのためにDIYした什器も、「これはまだ使える」「これは解体して別のモノを作ろう」などと全部持って帰ります。

もちろん、リユースが目的なのですが、それはスタッフたちが「もう置き場がありません！」と困り果ててしまうほど。先日、ついにその置き場に限界がきてしまい、業者に回収してもらったのですが、驚くような金額の請求にびっくりしました。これにはちょっと反省しています。

リユースと言えば以前、こんなことがありました。それは漆職人さんのところへ取材に行った時のことなのですが、私はその取材で、おがくずに埋もれた古びた皿を発見しました。

誰も気にとめていないような皿でしたが、よく見ると色味も雰囲気も素敵。「これをここにただ置いておくのはすごくもったいない」と思い、その職人さんに「買わせてください」とお願いしました。

聞いてみると、それはお客様から塗り直しをお願いされたものの、同じ漆を用意できず風合いが変わってしまい、お客様も引き取らず置きっぱなしになっている皿だとのことで、快く譲ってくれました。そして、家に持ち帰ってみると、想像通りインテリアとして最高で、今でも我が家のリビングにきれいに飾られています。

誰も使っていない、捨てられるのを待っているようなモノでも、見方を変えて使い方を考えれば、すばらしい形で生まれ変わることもある。そういうことをしている時はとても楽しく、インスピレーションも刺激されます。

什器を持ち帰るのも、皿を譲ってもらったのも〝もったいない〟気持ちが、いつも私の心にあるからです。

そもそも〝もったいない〟は外国語には訳せない日本独特の考え方で、すでに

〝MOTTAINAI〟として世界に広まってもいます。

「もったいないから」と資源を再利用したり、省エネに取り組んだりする姿勢は、とてもすばらしいものです。でも、日本で長く暮らしてきて、普段の生活においては、〝もったいない〟の使い方を多くの人が間違っているのではないか？　そう思ってしまうことが少なからずあります。

たとえば、みなさんの周りにプレゼントでもらったアレンジメントの花を「せっかくきれいに包装されているんだからもったいない」、と包装されたセロファンなどを取らずそのまま飾っている人がいたりしないでしょうか？

大事な花のプレゼントをきれいに保存しておきたいという気持ちはわかりますが、包装で使われているセロファンを取ってしまうのは本当に「もったいないこと」でしょうか？

せっかく花瓶に生けられたのに窮屈そうなままで、花がちゃんと見えず、そっちのほうがよっぽど「もったいないこと」だと私は思います。

また、日本人は高価なものを「もったいないから」と使わないでしまっておくところもあると思います。でも、私は逆。高価なもの＝いいものだからこそ、生活に取り入れなければもったいないと考えます。

デンマークの私の実家には、おじいさんおばあさんから譲り受けた１００年前のロイヤルコペンハーゲンの皿がたくさんあります。日本人の場合、こういうものは家宝のように箱にしまっておくか、棚に飾っておくという人が多いのではないでしょうか。でも、我が家では使います。

さすがに日常使いはしませんが、クリスマスなどみんなで集まって食事をする時に登場します。ロイヤルコペンハーゲンの美しい皿たちは、楽しい大切な日の食卓を彩るのにぴったり。「洗う時に一枚割れてしまった」なんてこともありますが、それはそれでいい思い出、いい笑い話になるものです。

「もったいないから使わない」というのは、モノに本来の働きをさせないということ。モノを大切に思うのなら、その魅力を最大限に引き出せるように使うことを優先すべきではないでしょうか。

第 3 章

BALANCE

自分の立ち位置を見極める

心のバランスは環境を変えることで保つ

都会で刺激を受け田舎で癒やされる「ダブル生活」

私は時々、一緒に仕事をしているスタッフやクライアントから「バランス感覚がいい」と言われることがあります。そう言われてもあまりピンとこなかったので、どういうことなのかスタッフに聞いてみたら、「仕事の進め方も人との接し方も、いつもバランスが取れている」ということでした。あらためて言われるまであえて考えてみたこともなかったのですが、言われてみると「そうかもな」ということがいくつも思い浮かびます。ということで、この章では仕事でプラスに働くバランス感覚について少し掘り下げてみたいと思います。

まずは環境についての話から始めていきましょう。

私のお父さんは5人兄弟でした。そして、その兄弟たちはみんな農業をしていて家族と一緒にファームの近くに住んでいました。しかし、私たち家族だけは市街地のオシャレな一軒家が立ち並ぶエリアに住んでいました。

お店も人も多く刺激的な自分の住む街と、自然豊かでのんびりしているファームやその周辺はまったくの別ものでしたが、距離にしたら車で10分ぐらいとすぐ近く。思い立ったら遊びに行ける距離だったので、土や木々に触れるのが好きだった私は、よくファームまで足を運んでいました。

こうして振り返ってみると、私は運のいいことに〝ずいぶんバランスのいい〟環境で生まれ育ったんだなと思わされます。つまり、〝都会暮らし〟のいいところも〝田舎暮らし〟のいいところも両方体験できる、理想的な環境で生活を送っていたのです。

最近は日本でも、都市部と田舎の両方に拠点を持つ〝2拠点生活〟に憧れる人が増えているそうですが、実現できるならそれは大きなメリットがあると思います。

毎日毎日都会で過ごしていると騒がしさやスピード感に疲れてしまうし、毎日毎日田舎で過ごしているのもつまらない。ですから「平日は都会、週末は田舎」というふうに短いスパンで両方を体験できるのは、刺激的であり、精神的なバランスも取れ、理想的です。

環境を変えれば刺激もインスピレーションも生まれる

もちろん、「2拠点生活は現実的に難しい」という人は多いでしょうし、2拠点生活でなければいけないわけではありません。ただ、一ヶ所にとどまることにこだわったり、何かを新しく始めることを面倒だと思ったりするのは、ちょっとバランスが偏ってしまっているのかもしれません。そんな人は普段とは違う環境を作る工夫をしたほうがいいかもしれません。

私が川越の修業時代によくやっていたのは、休みの日に東京に出ることでした（60ページ参照）。どんなに体が辛くても、です。それは刺激を受けるとともに、心のバランスを取りに東京へ出かけていたところもあるのかもしれません。

とにかく都会だろうが田舎だろうが、毎日同じ場所で似たようなことばかりしていては、新しいことが起こりにくくなります。「今日、都会（田舎）に行けば何かいつもと違う新しいことが起こるかもしれない」と、自分で可能性を広げる環境を作ることは、とても大切なことだと私は思っています。

この可能性を広げる環境の大切さを久しぶりに実感したことがあります。海外での仕事が増え外に出ることが多くなると、やはり出会いや発想が日本にいる時とは変わってくるのです。外国人の私が言うのもおかしな話ですが……。

もちろん、長年日本で仕事をしてきて、さまざまなことを経験させてもらい刺激は十分にあるのですが、長くいるとどこか日本人的な頭になっているのか、「そうそう、こういう発想もあるんだよね」と思い出すような面も少なくありません。

そもそもデンマークは、スペインやイタリアのような別の国へたった2時間で行くことができるし、いろんな人種の人が移民としてやってくるという環境なので、外国の人と一緒に働くことはごく自然なこと。また、そうした環境は刺激もあり、いろんなものを見られ、可能性も広がるということを思い出したのです。**ずっと一ヶ所に居続けるというのは、人の成長にとってあまりよくはありません。バランスが偏らないよう、時には積極的に居場所を変える工夫をすることも必要なのです。**

いつも前向きに明るくいるための〝あいさつ〟

いつでも自分らしく、前向きに明るく

私はスタッフやクライアントのみなさんから、人あたりがいいと言われることがあります。よくよく話を聞いてみるとそれは「いつでも誰に対しても態度がフラットで、機嫌がいい」ということのようなのです。

「いつでも自分らしく、前向きに明るく」というのは私のフィロソフィーのひとつなので、そうすることが自然でもあるのですが、やっぱり仕事上ではより意識しているかもしれません。

私はいつだって楽しく仕事がしたいし、相手にも楽しく安心して仕事をしてほしい。だから、「相手に一番よく思ってもらえるニコライ・バーグマン」でいることを、

自分なりに心がけているのです。

その中で、みなさんにもぜひ取り入れてみてほしいのが〝あいさつ〟です。これはどんな国でも昔から言われ続けていることですが、あいさつは人間関係を築くうえで本当に欠かせないものです。それなのに、適当に済ませてしまっている日本人が多いと私は思います。

あいさつのやり方ひとつで、受け取る側に与える印象はガラリと変わります。たとえば、会社に着いた時の朝一番のあいさつ。相手をロクに見もせず「はい、おはよう」とそっけなく言うのか、笑顔を向けて明るく元気に「おはようございます」と言うのか。これは印象が全然違います。

もちろん朝のあいさつに限らず、どんな時でもどんな場所でも、「相手を見て明るく元気にあいさつ」は間違いなく好印象を与えます。

また、声を高く出すというのもひとつのポイントです。外国人から見ると日本人は低く小さな声でコソコソと話しているように見えるのですが、これはあまり印象がよくありません。声を少し高くするだけでも、相手がパッと気づいてもっと反応してくれるようになるものです。

私は仕入れのため市場に行く時も、いつも高い声で元気にあいさつをするようにしています。市場の人たちとのやり取りはとても勉強になり楽しいし、もっと親しくなりたいからです。長い間ずっとそんなふうにあいさつを続けているので、今では私があいさつをすると「またニコライが来ているんだな」とすぐに気づいてもらえるようになりました。

時には、私を見つけて「ニコライさん、いいのが入ったよ」と奥からこっそりめずらしい花を出してきてくれたりすることもあり、「とてもいい関係が築けている」とうれしくなります。

人はひとりでは成長できない

もちろん、外国人は誰もが高く元気な声であいさつするわけではないし、私も昔からあいさつの大切さを意識していたわけではありません。

ただ、私は若い頃から会社のトップとして働いてきたので、あいさつをはじめ、「スタッフに対してどんな話し方をするのがベストか？」というのをいろいろ試してきました。たとえば、ちょっと怒った感じで話してみたり、シリアスな感じで話してみたり……。

でも、それらはどれも効果的ではありませんでした。特に、厳しい印象を与えるような話し方は、日本人にはまったく向いていない。控えめで人の顔色をうかがうところのある日本人は、厳しい印象を与えるとしゅんとしてしまって、のびのびと働けなくなってしまうからです。

怒るべきシーンではきちんと怒らなければいけませんが、それ以外で厳しい印象を与えることにメリットはない。そう気づき、今の私のあいさつや話し方になっていったのです。

もちろん人の気分にはバイオリズムがあるので、明るくあいさつする気分になれない時もあるとは思います。特に、ひどく落ち込むことがあった時などは、前向きな明るい気分に切り替えるのがなかなか難しいかもしれません。だからといって、その気分をあいさつにそのまま出していたら、「アンバランスな関わりにくい人」という印象を持たれてしまいます。

人がひとりでできることには限りがあり、人がついてきてくれてサポートしてくれなければ、より大きく成長することはできません。特に私の場合は、何も知らない場所で、ビジネスを起こし、会社を作り、20年以上仕事を続ける中で、そのことを強く感じてきました。ですから「気分がなかなか切り替えられない」などという人を見るとどこか甘さのようなものを感じてしまいます。

「人はひとりでは成長できない」ということを忘れず、人間関係を大切にしていく意識を常に持っていれば、どんな時でも元気なあいさつはもちろん、気持ちの切り替えも自然とできるようになっていくはずです。

上に立つ人間は一番働き常に笑え！

数字にもこだわりつつ理想を求め続ける

私はフラワーアーティストであると同時に、「ニコライ バーグマン株式会社」を経営するビジネスマンでもあります。

この2つはまったくの別もので、必要な発想も気を配らなければいけないポイントも全然違います。

どんなジャンルであれアーティストとして活動している人の中には、「経営はノータッチ」という人も多いものです。でも、私はしっかりと関わっていたいタイプ。たとえば新しいお店を開く前などは、自分でエクセルを使い、細かくコストや売上などをシミュレーションします。

正直、エクセルにこまごまと数字を打ち込むような作業は苦手なのですが、私にとって新しいお店の売上予測を立てる時のエクセルはただのエクセルではなく、夢の設計図のようなもの。新しいお店を思い浮かべながら作業しているので、苦手なエクセルでさえ楽しくてたまりません。お店ができた後でも、売上などの数字は常に気にかけ、すべてを把握しています。

「会社の経営なんて早く誰かに任せたほうがいいよ!!」などと言われることもありますが、私にとって収益を上げるための方法を考えるのも、新しいお店を作るのも、新しい事業を始めるのも、どれも興味があってワクワクすることなのです。

また、そこでの出会いや発想がアーティストとしての仕事にフィードバックされている部分もあるので、時間が許す限りは経営にも関わり続けたいと思っています。

もちろん、時には〝アーティストとしての部分〟と〝ビジネスマンとしての部分〟の間でいろいろと悩むことはあります。

アーティストとして譲れない部分を実現するために予算を大きくオーバーしてしまったり、スタッフにも負担をかけるほど仕事を詰め込んでしまったり……。
また、アーティストとしての理想を込めて一つひとつのお店を作っているので、気持ちが入りすぎてしまい、本来ならばクローズするべき経営状況になっているお店のクローズを先延ばしにしてしまうこともあります。

これは、「ビジネスマンとしてありかなしか」と言えば、完全に〝なし〟です。私もそれはわかっているのですが、数字だけを見るシビアなビジネスマンには、なかなかなりきれません。そんなことを考えていると、私のビジネスのお手本はやっぱりお父さんなのだな、と思ったりもします。

社長が一番働け！

私がお父さんから教えてもらったことのひとつに、「社長が一番働く」というものがあります。言葉で直接言われたわけではないのですが、お父さんを見ていて、「社長とはこんなにも働くものなんだ」と子どもの頃から思っていました。

ですから、日本で働くようになり、日本のビジネスマンは偉くなればなるほど現場で働かなくなるものだということを知った時は驚きました。驚いたというより、自分の感覚と離れすぎていて、ちょっと理解できなかったというほうが正しいかもしれません。自分が生きてきた世界では、お父さんにしてもデンマークのフラワーショップのボスにしても、上に立つ人間が当たり前のように一番働いていたので、「なんで働かなくてよくなるの？」と純粋に不思議だったのです。

上に立つ人間が現場で働かないというのは、何もメリットがないと私は思います。現場で働かず指示だけを出していたら、現場の仕事内容をリアルに把握できなくなり、現場のスタッフとの距離も遠くなってしまう。そのうち、会社の実態を把握できていないのに数字だけを見て命令を出すような、とてもバランスの悪い経営者になってしまうのではないでしょうか。

私が知っている限り、**社長が変わらず現場に出て、誰よりも一番働いている会社は、**

スタッフ全員のモチベーションが高く問題もスムーズに解決します。そして、どんどん会社が大きくなったり、新しいことに挑戦したりと、ワクワクするようなことが起こり続けます。「社長が一番働く」＝「自分自身も会社も成長し続ける」ということ。「いつか独立して起業したい」と考えている人も、社長になりトップに立つことが最終目標ではないはずなので、このことは忘れないようにしてほしいです。

社長はいつも笑っていろ！

もうひとつ、お父さんから教えてもらった大切なことがあります。それは、「社長はいつも笑っていないといけない」ということです。

これは私が会社を興してからお父さんに何度も言われていることで、つい数ヶ月前にデンマークに帰った時も空港を出る前に同じようなことを言われ、それと一緒に「会社の仲間と食事をするんだよ」ということも繰り返し言われました。

彼はつまり、「会社のスタッフとのコミュニケーションを大事にするように」と言っているのです。

社長のように会社のトップに立つ人間は、孤立しやすいものです。〝偉い人〟という事実だけで緊張感を与えてしまうので、厳しい顔をしていたら敬遠されるだけになってしまいます。だからまず、笑顔でいることが大事。笑顔でいれば、近寄りがたさがなくなり、スタッフもコミュニケーションが取りやすくなります。

スタッフとコミュニケーションが取れないと、仕事がスムーズに進まなくなるだけでなく、「自分はもしかしてスタッフにこんなふうに思われているんじゃないか（たいていが悪いように考えます）」といった不安や誤解も生まれてきます。

でも、日頃から話をしていればそういうことがなくなりますし、不安や誤解がなくなれば、余計なことを考えずに仕事に集中できるようになります。

スタッフも、上に立つ人間としっかりとコミュニケーションが取れていれば、自信を持って、しかも安心して自分の仕事に取り組むことができます。

いつも笑ってコミュニケーションを欠かさないことは、自分やスタッフの精神面においても仕事においても、メリットしか与えません。

立場が上になるほど
イメージは大切にする

相手の持っているイメージに自分を合わせていく

私のお父さんの教えとして「いつも笑っていないといけない」というお話をしましたが、これは、「上に立つ人間はたまっているフラストレーションをスタッフたちに見せてはいけない」ということも意味しています。

上に立つ人間が不安やイライラを顔に出していたら、スタッフたちまで不安になるのは当然のことで、会社全体がピリピリとしたムードに包まれてしまいます。

だから、上に立つ人間になったら、フラストレーションは別のところでリリースして精神のバランスを取ることも大事なのです。

私の場合、上に立つ人間であると同時に、フラワースクールで講師をしたり人前で講演をしたりする機会も多いので、オンとオフはしっかり切り替え、とにかく自分のシリアスな部分は見せないように気をつけています。

プライベートもすべて知っているような身近な人以外は、普段より暗く元気がなく機嫌の悪い私を見ても、「今日はニコライ大変なんだね」とは思ってくれません。「アンバランスな面もあるんだな」と思われてしまうだけです。

立場が上になり存在感が増すほど、〝イメージ〟は大切です。**「周りが持つイメージと自分をいつもできる限りマッチさせる」**という意識も忘れないでください。

フラストレーションのコントロールでだいたいのことはうまくいく

フラストレーションは年齢や立場に関係なくついてまわるものです。でも、40代になった今は、30代の頃だったらフラストレーションとしてため込んでいたようなことを、フラストレーションにせずに済むようになってきました。経験を重ね、さまざまな問題を解決するための方法や過程がわかってきたからです。

たとえば数日前、こんなことがありました。

ちょうどお店にいる時に、かなり焦った様子のお客さんが入ってきて、スタッフに「アレンジメントが欲しいんですけど、時間はどれぐらいかかりますか?」と尋ねました。

すると、そのスタッフが平然と、「40分くらいかかります」と答えたのです。私はとっさにお客さんの前に出て、「すぐに作りますよ。10分か20分くらいお時間ありますか?」と答え直し、無事に商品をお渡しすることができました。

このスタッフの対応には、「フレキシブルさに欠けている」という問題があります。お客さんの様子を見れば、時間がなく焦っていることはすぐわかるのですから、そんな時はこちらもタイトに対応しなければいけません。

焦っている時に「40分かかる」なんて言われたら、誰でも帰ってしまいます。でも、

20分だったら気持ち的に待てるかもしれない。そう読んで、「10分から20分」と提案し、普段通りの余裕あるペースではなく、ほかの作業を後回しにするなり、ほかのスタッフにヘルプを頼むなりして、急ピッチで仕上げればいいのです。それで数分遅れてしまったとしても、怒るお客さんはそれほどいないでしょう。

こういうシーンに遭遇した時、30代の頃の私だったら、その場でスタッフにブワーッと注意していたと思います。でも今回は、数日たった今でもまだ誰にも何も言っていません。

こうした問題は、その場だけの問題ではなく、ショップ全体の問題です。本店でこういうことが起こるということは、ほかの店舗でも似たようなことが起きているはず。どうしてそうなっているのか、そこをハイライトして修正していかなければ、根本的な改善にはなりません。

ですから、その場で感情的にスタッフ本人を叱るのではなく、まずはマネージャークラスの人間に相談をし、改善に向けて上手に物事を進めていく必要があるのです。

問題とはすぐに改善できるものばかりではなく、内容によってはちょっと時間がかかるものもあります。30代の頃までは経験の少なさからそこに気づかず、何か問題を見つけると「すぐにどうにかしなければ」「早く改善させたい」と感情的になって先走り、問題がなかなか改善されないことにイライラしていました。

感情をコントロールして冷静に対応すれば、たいていの問題はスムーズにクリアできます。**まだ経験の浅いうちは、今目に映っている問題に感情をかき乱されてしまいがち**ですが、ぜひ一歩引いて問題の根本を考えるクセをつけてみてください。

問題をクリアするための方法が見えるとムダにフラストレーションがたまらなくなるうえ、感情的な態度を取ってしまうこともなくなるので、あなたの印象もずっとよくなるはずです。

意見が違う相手ほど抵抗せずにガイドする

やりたいことをやるためには相手をうまくガイドするべき

キャリアを積み重ね、できることが増えると、舞い込んでくる仕事の規模も大きくなっていくものです。私の場合も、自分の名前のついたお店を持ち、それが軌道に乗ってきた頃から、かなり大きなイベントやショーでの展示などの仕事がどんどん入ってくるようになりました。

それ自体はうれしいことですが、同時に頭を悩ませるような問題も出てきました。仕事の規模が大きくなるほど、クライアント側の制約も大きくなるので、やりたいことを自由にできなくなることが増えてきたのです。

アーティストとして表現したいことは決して譲りたくないけれど、クライアントの要望を無視するわけにもいかない。そんな葛藤が生まれ、〝自分がやりたいこと〟と〝相手がやってほしいこと〟のバランスを取るのが難しくなるわけです。

クライアントは、決して間違っていることを言っているわけではありません。私たちとやりたいことの内容が違うだけで、ビジネスとしては正しいことを言っている。ですから、頭ごなしに否定して抵抗するのはおかしいし、そんなことばかりしていたら、ただの独りよがりの扱いにくいアーティストになってしまいます。

では、こういう時どうするかというと、その仕事がきちんと「ニコライ バーグマンらしく」なるように、私たちがガイドすればいいのです。

ガイドなんて言うと面倒くさそうな感じがしますが、**やるべきことはひとつ。「相手の話をきちんと聞くこと」、たったそれだけです。**特にプライドを持っているクライアントであればあるほど、みんな「自分のアイデアを出したい」という気持ちがあるので、そのアイデアを否定せずにきちんと聞く。

すると、相手は「自分たちがプランニングしたことをしっかり伝えた」という事実に、いったん満足してくれるのです。

いったん満足してくれれば、もうこっちのもの。「アイデアを加えてみました」というような形を取りながら、自分たちらしさを表現した作品作りを進めていけばいいだけです。

相手の手柄になったとしても表現できていればそれでいい

最初から相手の話を聞かずにやりたいことを押し付けるようなことをすると、「いったん満足する」という部分を欠いてしまい、相手はこちらに否定的な気持ちを持ち続けることになってしまいます。こうなると、ガイドをしていくのが難しくなるので、最初の〝受け入れ〟はとても大切です。

そして、これはちょっと言いにくいのですが、時には「これはそちらが考えたアイデアですよ」と、相手を持ち上げることも効果的です。実際は私たちニコライ バーグマン側がすべて形にしたものであっても、そうすることで相手がより満足してくれて、結果的にこちらがやりたいことを通しやすくなるのです。

私にとっては、「もともとのアイデアを出した人が誰になっているか」なんてことはどうでもいいことです。それよりもニコライ バーグマンらしさ、ニコライ バーグマンの世界観を表現することのほうがずっと大事だと考えています。

これは言ってみれば、やりたいことをやるためのちょっとした〃テクニック〃です。まだキャリアが浅く、自分のやりたいことを通すのが難しい時期ほど、有効に使える方法だと思います。

もっとキャリアを重ね、もっと成長し、あなた自身やあなたの会社の〃ブランド〃がしっかりできてくると、仕事相手の対応も変わってきて、やりたいことをスムーズにやれるようになってくるはず。それまでは、このようなテクニックを使いながら、うまくバランスを取ってみるのもいいでしょう。

仕事を大きくするために背伸びした自分を演じる

自分を「ちょっとだけ大きく見せる」メリット

2005年に会社を立ち上げた時、私は丸の内のフォーシーズンズホテルのレストランで、創業メンバーとの朝食会を開きました。当時の私や会社にとっては贅沢すぎる値段でしたが、仕事で繋がりのあった当時のジェネラルマネージャーに無理を言って、なんとか実現させたのです。

わざわざそんな贅沢をした理由は、2つあります。

ひとつは、独立についてきてくれた信頼できるスタッフたちとともに、「いよいよ始まりました」という意識を高めたかったから。そしてもうひとつは、「自分をちょっと大きく見せたかった」からです。簡単に言えば、スタッフたちに「こんなステキな場所で会社をスタートさせてくれるニコライにならついていって大丈夫」と思ってほしかったのです。

今はそれほど考えていませんが、当時は「**自分を本来の自分よりもちょっと大きく見せる**」ということを、とても意識していました。言葉にするのは難しいのですが、そうすることで周りが「大きく見せたニコライ バーグマン」でイメージを膨らませてくれるようになり、私本人やブランドのイメージ作りが理想とする方向にスムーズに進んでいくと考えていたのです。

ただ、〝自分を大きく見せる〟というのは、バランスがすごく難しいものです。ヘタにやれば、「似合わないことばかりしている、生意気で勘違いな人間」と思われてしまいます。

そもそも、自分を大きく見せることが受け入れられる環境とそうでない環境というものもあります。たとえばデンマークではモノや行動で自分の成長を見せること自体がまったく受け入れられません。だけど、日本はそうではないということが感覚的にわかっていたので、会社を設立したあたりから、少しずつ自分を大きく見せることを始めていったのです。

たとえば、「フラワーアートが上手なデンマーク人のお兄さん」なら若くして乗っていても違和感がないだろうと、28歳の時にポルシェの新車を買いました。当時はそれほど稼いでいたわけではなく、貯金はゼロに近い状態だったので、これはかなりの大勝負でした。毎月6万円程度のローンすら支払うのはなかなか大変で、通帳の中身はもちろんいつもゼロでした。

ただ、実際はそんな状態でも、周りから見れば私は「若くして新車のポルシェを所有する外国人のフラワーアーティスト」です。周りが「あの外人さんうまくいってるんだね」「素敵な生活をしているんでしょうね」というイメージを膨らませてくれ、私の仕事に対するイメージもアップしている手ごたえを感じていました。

気をつけなくてはいけないのは、あくまでも〝ちょっとだけ〟大きく見せるということ。立ち位置を5段階に分けたとして、今1のところにいるのにいきなり5に見せてはいけません。今1ならせいぜい2〜3くらいに見せるというふうに、〝本来の自分〟と〝理想の自分〟と〝周りに受け入れてもらえる度合い〟のバランスを考えないと、ただ違和感を与えるだけになってしまいます。

それから、そこに自分のパッションがあることも大切です。私は子どもの時から車が大好きで、憧れのポルシェに乗りたいという気持ちをずっと持っていました。ただ「私はポルシェに乗りたいわけじゃなくて、「乗りたい！」というモチベーションがしっかりあったから、違和感なく「若くして新車のポルシェを所有する外国人のフラワーアーティスト」というふうに受け入れてもらえたのだと思います。

自分がまったくポルシェを好きではないのに、ポルシェを買って乗っていても意味はありません。**使うアイテムは〝飾り〟ではなく〝本当に手に入れたいもの〟であるべきで、そうでなければ本当の理想に近づくことはできない**のです。

自分を大きく見せたい時、世間一般のイメージや周りの人の好みに振り回されてはいけません。「You have to belive yourself」です。自分の感性を信じ、自分がパッションを持てる方向で、自分をうまく大きく見せましょう。

自己プロデュースがステップアップのきっかけになる

自分をちょっと大きく見せることも含め、自分をどう見せるかは誰もが意識したほうがいいことです。先に「自分がどう見られているか」を意識することの大切さをお話ししましたが、それよりももっと戦略的に、「自分をどう見せていくか」「どうアピールするか」を考えていくのです。

〝自分の見せ方〟に関することで、少し前に面白いことがありました。

ネットでもたくさんの人が視聴しているデンマークの有名なテレビ番組からオファーがきたのですが、その内容は「豪華なお宅を訪問する」というもの。私は自分が豪華な生活を送っているとは思っていませんが、デンマークでは大きなフラワーショップはめずらしいし、デンマークと日本とでは家賃相場も違う。「今の私のありのままを見せたらきっと驚かれてしまうだろうな」と思いました。

でも、私はオファーを引き受け、スタッフの人たちにお願いされるまま、東京の自宅や南青山のフラッグシップストア、箱根に建設中の建物などを案内しました。「家賃はいくらですか?」と聞かれた時も、嫌な印象を持たれないよう「こういうところは高いんですよ」と控えめな感じを意識しながら、隠したり嘘をついたりせず正直に金額を伝えたのです。


すると、デンマークではたちまち、「フラワーアーティストのニコライ・バーグマンは大金持ち」「ミリオネアのニコライ・バーグマンが自分の世界を見せた」と、その番組が話題になりました。

私は決してミリオネアなんかじゃないし、実際に銀行にお金が溢れていることもありません。でも、フラワーアーティストとして会社を作ったこと、家賃の高い場所に大きなフラッグシップストアを持ったことなどで、世間がそうしたイメージを作り上げたのです。

イメージの力とはものすごいものです。

まず、番組放送後の2週間で、デンマークのとあるスポーツのナショナルオリンピックチームやグリーンランドの化粧品会社など、さまざまな団体や企業から「スポンサーになってくれませんか」とオファーがきました。みなさん疑うことなく、私に有り余るほどのお金があると思っているのです。

一番驚いたのは、デンマークのある大金持ちの人から届いたすごくきれいな封筒。開いてみると、レンブラントやピカソなどの絵の写真がいっぱい入っていて、後ろに小さく「48億円」とか「56億円」とか書いてあるのです。要は、「この絵を買いませんか?」ということなのですが、「こんなものを買えるとまで思われているのか!」と本当にびっくりしました。

引き受けるのが難しい高額なオファーばかりでしたが、この一件で一部の人たちの中でのニコライ バーグマンのイメージがワンランク上がり、出会いも広がったのは間違いありません。

繰り返しますが、私は自分をお金持ちだとは思っていないし、お金をステイタスにしたくもありません。でも、「ただのフラワーショップではない」というイメージを作り上げることで、出会いや活躍の場がどんどん広がっていくことがわかっていたので、そこを意識して行動したのです。

これは、どんな仕事をしている人でも一緒です。**違う景色を見せてくれる、違う世界へ引っ張り上げてくれるような相手と仕事をしたいなら、その相手の目にとまるよう、まずは自分のイメージだけでも上のレベルに上げないといけません。**そのためには、戦略的に自分の見せ方を考えていくのがもっとも効果的なのです。

「自分をどう見せていくか」「どうアピールするか」を工夫するのは、言ってみれば自己プロデュースです。嫌な印象を持たれないようやりすぎには気をつけながら、自分をうまく見せるための自己プロデュースをして、ぜひ可能性やチャンスを広げていってください。

時には外国人であることも
うまく使ってきた

時代が求めるものであれば何でも使う気持ちも大切

私が日本に来て活動を始めたばかりの1990年代後半～2000年代前半頃、日本で顔や名前を知られている外国人のフラワーアーティストはほぼいませんでした。

だから私は、〝外国人の若いフラワーアーティスト〟というだけで、とてもめずらしい存在。日本人と対等に頑張ってきた一方で、私はこの「自分がめずらしい存在である」ことにも助けられてきました。

たとえば、2001年に有楽町に「ニコライ バーグマン」という名前を冠したショップを出せたのも、私がデンマーク人だったことが大きく影響していると思います。看板商品となったフラワーボックスが素敵なアイテムだという自信はありますが、それと併せて、「外国人のフラワーアーティストが絵としてハマる」という見方が、オファーしたエストネーション側にはあったはずです。もし、私が日本人だったら、あれほど一気には話が進んでいなかったことでしょう。

ただ、私の中で「外国人であることを評価されることに抵抗があったか」というと、決してそんなことはありませんでした。

なぜなら、何の技術もモチベーションもないのに、ただ「外国人だから」と持ち上げられたら戸惑っていたと思いますが、私には技術やモチベーションがきちんとありましたから。

「外国人だから」というのは、私にとっても取引先やお客さんなどにとっても、単なるひとつの要素。そのひとつの要素のおかげでフラワーアーティストとしてのストーリーがいい方向に広がっていくならば、どんどん利用すべきだと考えていました。

もう少し過去に戻って、ＤＩＹでオープンした骨董通りのクローレが人気店となったのも、私が外国人であるということが少しは影響していたと思います。

しっかり計算したわけではありませんが、「外国人が働く小さくて素敵なフラワーショップ」というストーリーを意識してＤＩＹした部分があったので、ぴったりハマったのでしょう。

時代とタイミングとバランス感覚

ただ、どんなビジネスもどんなサクセスストーリーも〝タイミング〟がとても重要です。**どんなに考えつくしたアイデアでも、どれだけ頑張っても、その時のマーケットにフィットしなければうまくいきません。**

私が〝外国人〟であることを活用できたのは、あくまでもあの時代にうまくフィットしたから。さまざまなジャンルで外国人が当たり前のように活躍する２０２０年の今では、難しいと思います。

逆に言えば、今の時代だからこそ活用できるものも、探せばたくさんあるはずです。自分の出身地、趣味、得意なスポーツなどが仕事上のコミュニケーションに役立つことがあるのは昔から変わらないことですが、仕事とは無関係だと思っていた過去の経験や自分のルックスなど、意外なものが役に立つかもしれません。

ダイバーシティが求められる今の時代、何がフィットするかいろいろ試してみる価値はあると思います。

もちろん、何かを活用するなら、そのビジネスに対する技術や知識やモチベーションを大切にしていることが大前提。**「何かを活用してうまく稼ごう」という気持ちが先走っていると、そのバランスの悪さをすぐに仕事相手や世間に見抜かれ、絶対にうまくいきません。**

〝活用できるもの〟があったとしても、それはあくまでもひとつの要素。それさえ忘れずにいれば、活用できそうなものは遠慮なく使っていくべきです。

COLUMN

「時間を守る」日本人の働き方は海外で武器になる

グローバルにビジネスを広げていくことが昔ほど大変ではなくなった今だからこそ、武器として使える日本のスペシャリティなことを知っておくのも必要なことではないかと思います。では、具体的には日本人の何が特別なのか、それをどう海外で生かせるのかを話しておきましょう。

日本以外の国の人は、一般的に〝ミーファースト〟という考え方の人が多いものです。何事も「私が中心です」というふうに動くので、たとえば駅のホームでも日本人のように順番を守って一列に並んだりはしません。

この10年ほどで、日本への海外からの観光客はとても増えましたが、日本へ来た海外の友人や知り合いなどに話を聞くと、みんな「非常にクリーン」「システムやルールが完璧」といったことに驚いています。海外には、道路がゴミだらけの街が山ほどあるし、必要なものが手に入らないとか、必要なことができないことも当たり前のようにあるので、感心せずにはいられないのでしょう。

〝我先に〟とならない日本人の考え方は、とてもすばらしいと思います。

ルールを守ると言えば、日本人には「時間を守る」という考え方も染みついていると思います。これは、海外の人から見ると驚くべきことです。

私も日本で働いている以上、日本のルールに従い時間を守ることは大切にしています。ただ、作品作りに入ると、そこに集中するあまりプレッシャーをまったく感じなくなるので、許される時間ギリギリまで作品作りに没頭してしまうこともあります。その間、日本のクライアントはずっとハラハラしていて、私の代わりに「本当に間に合うの？」「大丈夫なの？」というプレッシャーを受けているスタッフも、同じくハラハラしているそうです。

そもそも、日本人と外国人では、「時間を守る」ということへの感覚が違います。海外では「時間ギリギリにアップ」というスタンスが普通ですが、日本人は「1時間前にアップ」というスタンスが普通。だから、私が「時間には間に合わせるよ」というつもりで作っていても、それを見ている日本人は「時間をわかっていないのでは？」と不安になってしまうのです。

もちろん、ギリギリでも間に合えば問題ありませんし、むしろ時間ギリギリに完璧な作品が仕上がったことに、スタッフやクライアントから歓声が上がることもあります。

でも、時間に余裕をもって終わらせたほうが、何かトラブルが起きた時にも対応できるし、いろいろと安心であることは間違いありません。そう気づいてからは、もっと日本人的に時間を守ることを意識するようになりました。

日本で学んだ「時間を守る」ということは、日本での仕事で信頼を得られるだけでなく、海外でも大きな武器になります。時間にルーズな人の多い海外できっちり時間を守ると、思った以上の反応が返ってきます。これまでに海外でも何度かイベントをやったことがあるのですが、少し時間に余裕を持って仕上げたら、向こうのクライアントはみんな「もうできてるんだ！」ととても驚き、時間内に完璧な作品を仕上げたことにとても感動してくれました。

日本人にとっては当たり前すぎて何でもないことが、海外では驚きや感動を与えるスペシャルなことになる。そんな日本を、20年以上生活している今でも私は深くリスペクトしています。

第 4 章

TEAMWORK

和を大切にする
気持ちを
忘れない

仕事を任せる時は譲れないラインを決めておく

「お願いする気持ち」は徐々にできていく

この本の第2章でもお話ししましたが、私は基本的に、「何でも自分でやりたい」と思ってしまう性格です。チームは大切にしながらも、フラワーアーティストとして作品を作り上げる作業はもちろん、仕入れやお店の管理などもできる限り自分でこなそうとしてきました。

「すべて自分で把握して自分でやらなければ」という責任感もあったし、「自分でやるのが一番早いし、一番納得できる」と考えていたからです。

ただこれは誰でもそうだとは思うのですが、少しずつ仕事が忙しくなるにつれ、そうもいかなくなってきます。

私が最初に忙しさのピークを感じたのは、会社を立ち上げる前、六本木ヒルズに「Nicolai Bergmann Flowers & Design」の2店舗目がオープンした2003年の頃です。

その時は青山と赤坂に2店舗あるクローレ、そして有楽町と六本木ヒルズのエストネーションの店舗、この4ヶ所を回るだけでも大変だったのですが、さらにトヨタのモーターショーのようなビッグイベントの仕事も入るようになり、本当にめまいがするほどの忙しさでした。

その後、会社を立ち上げてからも、ショップをやりながらアパレルブランドやホテルのフラワーディスプレイの仕事をやりつつ、イベントもこなすという忙しさが続きました。

西武池袋本店の館内をニコライ バーグマン一色に染める大規模なフラワーディスプレイや、表参道ヒルズのパーティーのためにコサージュを600個作る仕事など、印象深いものもたくさんありました。

2006年にはホンダの新車の発表会でファッションショーが行われ、そこでフラワードレスやフラワーアクセサリーを作るという仕事では、司会者やタレントさんたちと一緒に登壇し、トークイベントにも参加させてもらいました。この頃から、私自身も表に出る仕事の依頼が増え、仕事の幅も広がっていったように思います。

仕事を任せる時の2つのステップ

今まで自分でやってきた仕事を人に任せていくには、心構えも必要になってきます。

最初のステップは、**「自分ひとりではできない」ということをきちんと理解すること**。これを理解していないと、任せ方が中途半端になり、自分もラクにならず相手も責任を持てない、どうしようもない状態になってしまいます。

20代の頃は何度か体力的にも精神的にも「限界かも」と思うピークを乗り越えながら、6〜7年かけて仕事はどんどん忙しくなっていったのですが、「仕事を誰かにお願いする」という気持ちにはなりませんでした。

「仕事は何でも自分でやる」という考えが根本にあるので、まだ経験の少ない20代の頭では、それを簡単に変えることができなかったのです。

でも次第に、仕事が溢れ、「本当に手が回らない」という状態になっていき、少しずつスタッフにお願いすることも増えていきました。

これにはかなりの時間がかかりましたが、「自分ひとりでは全部回らないんだから仕方ない」ということを体で感じるようになって、やっとお願いできるようになったという感じです。


そして次のステップは、**「100%自分の思うようにはならない」ということをきちんと理解する**こと。

「何でも自分でやりたい」という人は、任せたことが自分の思った通りにならないと、どうしても満足できません。満足に近づくためには、技術の高さや知識の量、センスなどが自分と同じような人を探すしかありません。それでも自分とDNAがまったく同じ人はいませんから、完全に満足するのは難しいものです。

ここで考え方をチェンジしてほしいのですが、そもそも〝人に任せること〟と〝自分が満足すること〟は別ものだということ。

時間的にも体力的にもひとりですべてをこなすのが不可能で、人に任せることを決めたのなら、「100%自分の思うようにはならない」ということを頭に置いて、その中でいかに上手にハンドリングするかを考える必要があります。

人に仕事を任せる時は〝完璧〟をやめて〝遊び〟を持つ

すべて自分でやらないと満足できない人のことをPerfectionist（パーフェクショニスト）＝完璧主義者と言いますが、パーフェクショニストをやめないと、いつまでたっても誰かに何かを任せることはできません。

人間は、思い描いたことをそのまま再現してくれるロボットではありませんから、誰かに何かを任せれば、「自分はこういうふうにしてほしいのに相手はこういうふうにやっている」ということは絶対にたくさん出てきます。でも、それを「これぐらいの範囲であれば仕方ない」としなければ、キリがないのです。

これは決して、「中途半端な出来でもあきらめろ」と言っているわけではありません。**譲れないラインはきちんと明確にして、そこは相手にもきちんと守ってもらうべきですが、そのラインを越えた〝自分の理想〟と〝相手が形にしたもの〟の差を認めなければいけない**ということです。

認められる範囲に幅がないと、自分も相手も苦しくなり、任せることができなくなってしまいます。

「自分が期待しているものとまったく同じものができるはずだ」と思っているうちは、人に任せるのはうまくいきません。少しずつでも、〝パーフェクショニスト〟をやめて〝遊び〟を持てるようになりましょう。

人に任せるというのは、ビジネスを続けていく中での大きなターニングポイントです。特に、私のようにアーティスト活動とビジネス活動を両方している人間にとってはとても難しい問題です。うまくバランスを取って成長している人の割合は、非常に少ないのではないでしょうか。人に任せることができずに潰れてしまう人はたくさんいます。

私も「自分が満足できないのだったら気持ちよく仕事を続けられない」という考えがあったため、人に任せた仕事で自分を納得させられるようになるまで、かなり時間がかかりました。

それでも、ここを乗り越えると受けられる仕事の量が増え、仕事の幅も広がり、また大きく成長できるきっかけになります。

頼って任せることで、スタッフのスキルやモチベーションも上がり、チームワークも深まります。〝人に任せる〟という壁につまずかなければ、チームとして大きく成長していけるのです。

任せてうまくいかない時は「自分がやれていない」時

〝人に任せる〟ことについて、もうひとつお話しておきたいことがあります。それは、お願いしたことを相手がうまくこなせなかった時、「真剣に取り組んでいない」「実力不足」などと相手の問題にするのはよくないということです。私はこういう時、まずは自分の問題として受け止めるべきだと思っています。

相手がお願いしたことをうまくこなせなかったということは、自分がきちんと教えられていなかった可能性がある。自分がきちんと手本となる姿を見せられていなかった可能性もある。そこに注目して、**「自分がきちんとやれていなかった」部分をしっかりと見直してみて、その反省を生かして再び任せてみる**のです。

時には、実際に相手のほうに「真剣に取り組んでいない」「実力不足」といった問題があるケースもあるとは思いますが、最初から相手の悪いところばかりを責めるのは、相手のモチベーションを下げ関係性まで悪くしてしまいます。

たとえ相手に問題があるとしても、自分が完璧だったとも言い切れない。まずは自分が「きちんとやれていなかった」部分を変えてみることが大切です。自分が変われば、相手も自然と変わってくれ、次から少しずつうまくいくようになります。

それぞれの立場の
それぞれの問題点を把握する

「何か問題はないだろうか」と意識的にチェックする

デンマークで生まれ、さまざまな国で仕事をしている私から見ると、一般的に日本人は自分の意見をあまり言いません。

たとえばアメリカだったら、アルバイトの人でさえ会社の方針などについてアグレッシブに自分の意見を主張するのに、日本では正社員でも発言を求められなければ何も言わないことが多いです。

また、私は日本では厳しく怒ったり、注意したりするのは意味がないとも思っています。人はモチベーションとインスピレーションで動くもの。特にクリエイティブな仕事をしている人ほどそうなので、厳しく怒ったり注意したりするのは、そのモチベーションやインスピレーションをそぐことになってしまいます。

なにもこれは日本に限ったことではありませんが、私が「日本では」と言ったのは、先ほども言ったように日本人はあまり自分の意見を主張しないからです。

厳しく怒られたり注意されたりすると、「でも自分はこう思ったから」「でも自分はこうしたいから」などという意見をますます言えなくなり、のびのびと動けなくなってしまうところがほかの国の人より強い傾向があります。

このような日本人の性質を知っている以上、私は「スタッフが誰も何も言わないということは、私の会社には今は何も問題が起きてない」とは思いません。

トップに立つ人間が会社で働くすべての人間の問題を感じ取ることは、とても重要だと私は考えています。

私の会社なら、店頭に立つスタッフが感じている問題、チーフが感じている問題、マネージャーが感じている問題、ジェネラルマネージャーが感じている問題、クリエイターが感じている問題はそれぞれ違うはず。

でもそれは、それぞれの立場の目線に立たなければわからない。だから私は、現場に行ってそれぞれの立場の人とコミュニケーションを取り、**それぞれの目線に立ってみて、「何か問題はないだろうか」と意識的にチェックする**ようにしています。

たとえば、販売スタッフは「お客様に花の種類や値段がすぐにわからないといけない」という目線で商品を見ていて、フローリストは「ニコライ バーグマンらしいデザインで作らなければいけない」という目線で商品を見ているとします。

そういう時に、フローリストとしかコミュニケーションを取らず、フローリストの目線だけに立っていたら、一緒に素敵なデザインを考えて満足しておしまいで、販売スタッフの「なんで名札や値札のない商品があるの？」というようなフラストレーションには気づかないままになってしまいます。

どちらかの問題しか知らないと、どちらかには不満を抱えさせたままになってしまう。ですから、できるだけそれぞれの問題を感じ取れるようにしているのです。

問題は放置せず改善する環境を作る

「昔はショップの現場でさんざん働いた」というような人でも、どんどん立場が上がっていくと、当時の目線を忘れてしまうものです。どんなことがあると困るか、どうすれば働きやすくなるかなど、全部よく知っているはずなのに、忙しさの中で「そんなのは小さなこと」という感じになってしまいます。

フラワーショップで例を挙げるなら、「花を包装するセロファンを切る時の刃が弱くて、手間取ってしまう」というのは現場のスタッフにとって最悪なこと。それに気づいて、「早く新しいものを買いましょう」と気を配る、そういうちょっとしたことがすごく大事だと私は思っています。

「セロファンを切る時の刃が弱い」なんて本当に些細な問題だと思うかもしれませんが、些細だけれど仕事の効率を下げる問題が放置されているというのは、決していい環境とは言えません。

そうした些細な問題が積み重なり、いつかお客様に大きな迷惑をかけるような事態になってしまう前に、〝問題を放置せず改善する環境〟を作っておく必要があります。

それに、上に立つ人間が現場のスタッフが感じている問題に気づくということは、スタッフのモチベーションアップのためにも会社全体のチームワークを強くするにも、すごく大事なポイントです。「いやいや、セロファンを切る刃のことなんて、現場でどうにかしてよ」となると、知らぬ間に縮めにくい距離ができてしまうのです。私はある意味、「スタッフたちとの距離が遠くならないように」ということを、一番気にしているかもしれません。

会社の形は些細なことから崩れていく

以前テレビで、とても興味深い企画が放送されていました。ゴードン・ラムゼイというロンドンの有名なシェフが、違う髪型のウィッグや髭を付けて変装し、周りに正体を隠しながら自分のレストランでウエイターをするのです。最後の最後に「実はゴードン・ラムゼイでした」と正体をばらすと、スタッフはみんなびっくり。そこが見どころなのですが、私はゴードンさんの「現場のスタッフが何を話しているのか」「何を感じているのか」を知ろうとしている姿がすごく印象的でした。

現場のスタッフたちの感覚を肌で感じるというのは、とても大事なこと。それをわかってさえいれば、直接何かをしなくても、私はそれでOKだと思っています。

「わかっていても何もしなかったら意味がないのでは?」と思うかもしれませんが、その問題について直接何かをしなくても、組織の中で上手にコミュニケーションを取って、いつか問題が解決したり問題が起こりにくくなったりする状態にできれば、それはとても意味のあることです。つまり、すべてにおいて自分で直接何かをしなくてはいけないわけではないということです。

まずはとにかく、わからなくてはダメ。今の自分とは関係ないと思わず、「セロファンを切る時の刃が弱い」ということをわかっていないとダメなのです。わかっていなければ、心からのねぎらいの言葉ひとつ、スタッフにかけられませんし、それでは上手にコミュニケーションなんて取れません。

ほんの些細なことから会社の形が崩れていかないように、立場が上になればなるほど、それぞれの立場で抱えるそれぞれの問題を把握しようとする意識を忘れてはいけません。

「繋がっている」からこそモチベーションも高まる

ストーリーがチームの結束を強める

イベントや展覧会などで大きな作品を制作する時、私たちニコライ バーグマンチームは、限られた時間を存分に使い、そこにある空間や素材を最大限に生かし、今できる最高の作品を作り上げるようにしています。

その制作風景は、周りから見るとスタッフみんながテキパキと動き、奇跡的に時間通りに仕上がったように見えるらしく、イベントや展覧会が終わると「あなたたちのスタッフはすごくチームワークがいいですね」とよく言われます。これは日本全国どこに行っても言われるので、私たちが誇っていいものだと思っています。

なぜ、私たちにはそんなすばらしいチームワークが生まれたのか。そこには、普段からスタッフと同じ目線で話すコミュニケーションを心がけていることや、厳しく怒ったり注意したりせず、〝楽しくリラックスして仕事に専念できる〟環境作りを心がけていることなど、いろいろな理由があると思います。

でも、おそらく一番の理由は、**「同じパッションで動いている」**ということではないかと思っています。スタッフみんな花が好きで、ニコライ バーグマンのストーリーが好きで、そのパッションで動いているから、ほころびやブレのないチームワークが生まれたのだと。そもそも、私がずっとストーリー作りにこだわってきて、そのストーリーに共鳴して集まってくれたスタッフたちだというところも大きいでしょう。

もちろん、チームワークは一緒に作品を制作するスタッフたちとの間だけではなく、会社で働くすべてのスタッフとの間に欠かせないものです。まったく別々の作業に見えても仕事はどこかで繋がっているし、人の気持ちは伝染しやすいものなので、どこかのチームワークが崩れると、あっという間に仕事のクオリティが下がり会社全体の雰囲気も悪くなってしまいます。

私の会社では以前から、イベントなどがある度に、作品の写真やクライアントの感想などをまとめた「イベントレポート」というものを出しています。BtoBの仕事が増える中、そうしたイベントにはなかなか参加できないショップで働くスタッフたちにも、制作した作品やイベントの様子を知ってもらいたいと思ったのが始めたきっかけです。

そこには、イベント終了後に作品の前でみんなでふざけたポーズをした集合写真を載せるのが恒例になっているのですが、最近はその集合写真を見るのを楽しみにしているスタッフが多いとか。

「今回はこういうメンバーで行ったんだ。自分も参加したい」と、行けなかったスタッフもモチベーションが上がるようです。

「作品のほうをもっと楽しみにしてほしい」とも思いますが、参加していない仕事をリアルに感じてもらっているのは狙い通りなので、うれしい限りです。

チャットでも繋がっている&見ている感覚を大切にする

会社が大きくなればなるほど、スタッフ全員とコミュニケーションを取るのが難しくなるので、さまざまな工夫が必要になってきます。

今はもう、本社と本店、それぞれの店舗を合わせるとスタッフが数百人もいるので、私が定期的に一人ひとりのスタッフと会って話をするのはほぼ不可能。そこで、スタッフとの新しいコミュニケーションツールになることを期待して、少し前から「Slack」というビジネスチャットのアプリも導入しました。

このアプリ上でスタッフみんながチャットをしたり、ハッシュタグでテーマをつけていろんな写真を投稿したりしているのですが、今もっとも私とスタッフたちとのコミュニケーションツールとして活躍しているのが「ウィークリーベスト」というコーナーです。ここには、その時々の季節の花を使って作った商品をアップしてもらうことにしています。

最初は〝商品の確認用〟という感じで、ただ商品を撮っただけの画像が多かったのですが、今ではみんな細部にこだわり始めて、背景を飾ったり、外に出して自然光の下で撮ってみたり、陰影をつけたり……。感心するようなクオリティの画像がどんどんアップされてきます。

そして、私が「これは素敵だな」と思ったものを、作ったスタッフが働く店舗名のハッシュタグをつけてインスタグラムにアップすると、それを見たスタッフたちは大盛り上がりするそう。私とのコミュニケーションになるだけでなく、スタッフ間のコミュニケーションも深まり、熱心な作品制作でセンスも磨かれ、いいことずくめだと感じています。

海外での仕事が増え、本社や店舗に顔を出せる機会が減ってきた頃、昔から働いているスタッフに「自分の作品をニコライがインスタにアップしてくれたりコメントをくれたりすると、『ちゃんと見ていてくれているんだ』と、繋がっている感じがしてうれしい」と話してくれたことがありました。

昔から一緒に働いているスタッフは、もともと新しい作品をどんどん作っては私に見せて感想を求めるという習慣があり、「〝すごいものを作ってニコライを驚かせたい〟というのがモチベーションになっている」とスタッフ同士でよく話していたそうです。

今はその時間がなかなか作れなくなってしまいましたが、新しいコミュニケーションツールを導入したことで、それと同じことを離れていても全スタッフとできるようになりました。これはすばらしいことだと思います。

〝繋がっている感覚〟は、チームワークを維持するためにも個人のモチベーションを高めるためにも、絶対に必要なもの。

スタッフが増えれば増えるほど、一般的に〝繋がっている感覚〟は薄れてしまいがちだと思いますが、やり方次第で楽しく深く繋がり続けていくことはできるのです。

マイナスをカバーし合える プラスのチーム作り

自分の得意、不得意を把握するところから始める

自分ひとりで仕事を問題なく回せている間は、人に任せることやチームワークのことを話しても、あまりピンとこないかもしれません。でも、今より成長し、仕事の量が増え規模も大きくなってきたら、どんなジャンルの仕事でもひとりではこなせなくなる時が必ずやってきます。

その時のために、確実に今のうちからやっておいたほうがいいのは、**自分のマイナス点を補ってくれる人を見つけておく**ということです。自分が得意なものや強いものは何なのかという〝プラス点〟と、自分が苦手なものや弱いものは何なのかという〝マイナス点〟をはっきりとさせて、その〝マイナス点〟が得意で強いという人を見つけ

ておくのです。

そうすれば、いざ仕事をひとりでこなせなくなった時に、自分のマイナス点にあたる仕事をその人に任せることができるので、安心して得意な仕事に集中して取り組めるようになります。それぞれが得意なことに取り組むチームはとてもバランスがいいので、チームもうまく機能していきます。

「まだ当面はひとりで大丈夫」と考えている人でも、自分のプラス点とマイナス点を把握することだけでも、早めにしておくべきです。仕事が回らなくなり始めてからマイナス点が浮き彫りになると、対応が大変になります。しかし、前もってこのことを把握しておくと、なんとなくでも〝自分が苦手なことが得意な人〟に注目するようになり、ラクに人に任せる準備ができるようになります。

人の得意なことや苦手なことを見極めるには、やっぱりコミュニケーションが欠かせません。その人のことをきちんと見て、きちんと話を聞いていると、時にはその人自身も気づいていない点が見えてくることもあります。

私はもともと人とコミュニケーションを取るのが好きなうえ、20代前半の頃からフラワースクールの講師をしていたので、そこの部分は有利だったかもしれません。人にものを教えていると、人の得意なことや苦手なことを見抜くのがどんどん上手になります。今では、アプローチした瞬間に「この人は何をどこまでできるか」というのがわかるようになりました。

もちろんスクールだけでなく、仕事のミーティングの席などではじめて会った人に対しても、「この人はいろんなことを受け入れてくれそうな人だな」とか「この人はちょっと説明が苦手そうだからこっちがリードしてあげたほうがよさそう」といったことが、すぐにわかるようになってきます。

自分の代わりとなる存在も必要

また、これは特に経営者（を目指している人）に言いたいのですが、自分の代わりになる存在を持つことも、仕事の量や規模が変化していく過程で大切なことです。

私の場合は、時間をかけてスタッフを育ててきたことで、そうした存在が数人でき、長期間日本を空ける仕事にも安心して取り組むことができています。

〝育てる〟なんて言うと偉そうですが、**私がしてきたことは、私のストーリーに共鳴して集まってくれたスタッフたちに、ブレることなくストーリーを作り続ける姿を見せてきただけ**。その結果、自分と感性やパッションが近い頼もしいチームメイトに、いつのまにか成長してくれていたのです。

そんな、昔から一緒に働いている第一世代のスタッフたちは、大きく成長した今でもまだ「ニコライに作品を見てもらいたい」という気持ちを持ってくれています。それはうれしいことなのですが、また別の意味でうれしいのが、若い第二世代のスタッフたちは「第一世代のスタッフたちに作品を見てもらいたい」と思っていること。見事に、私の代わりになる存在になってくれています。

自分のマイナス点を補ってくれる人や代わりになる存在を作るのは、必要と感じた時ではもう遅く、そうなった時は自分や会社の成長が「ひとりでは限界」という理由で止まってしまいます。準備は早いに越したことはありません。

「手間を惜しまず」が心の距離を縮める

会社の規模が大きくなったからこそ店舗へ顔を出す

忙しくてあまり会社や店舗に顔を出せない私とスタッフとのコミュニケーションのために、アプリなどを活用してコミュニケーションを取る工夫をしているとお話ししましたが、それでもやっぱり、若い世代のスタッフとの間にはどうしても距離を感じてしまうことがあります。

具体的に言うと、直接私に会った時に、緊張してしまい、リラックスして話せない様子のスタッフが多いのです。

そういう印象を持つようになったのは、この5年くらいです。

会社の規模が大きくなり、スタッフが増え、私は私で海外や地方に行くことが増え……。こうして私と直接触れ合う機会が少ないスタッフが増えれば増えるほど、そういう印象が強くなってきました。

だから最近は、「ちょっと作業場や店舗に顔を出そう」と思ったら、きちんと「来週のいついつに行くので、みなさん一緒に作業をしましょう」と事前に伝えておかなくてはいけません。私が予告なしに現れると、みんなカタくなっていつも通りに動けなくなってしまうからです。

私としては、気軽に「じゃあ今から行きます」とリラックスした感じで店舗に行きたいのに、私がやってきたとたんにみんなピリピリしてしまう。私としては、一緒に掃除をしたりハサミを磨いたりしたいのに、「それはいいですから、やりますから」と遠慮されてしまう。私のせいで通常の仕事にならず、悲しいことに「邪魔になっている」という気持ちになってしまうのです。

当然ですが、私はこのままではいけないと思っています。私がやってくることでスタッフが落ち着かないのならば、落ち着くように変えていくのが私の責任です。上の人間とフランクにコミュニケーションが取れず、言いたいことも言えない会社は、いい会社とは言えません。会社全体のチームワークだっていいものに育っていきません。

そこを変えていく方法はひとつで、もっと店舗に行く回数を増やすしかありません。どんなに忙しくても、どんなに時間が限られていても、店舗に行く時間を少しでも多く作るために、今日本にいる間のスケジューリングを見直しているところです。

距離はコミュニケーションの回数で埋める

また最近は、「遠く距離が離れている」という事実が、スタッフを不安にさせてしまっていることがあるようです。昨年LAにショップをオープンし、日本とLAを行ったり来たりの生活になってから、特にジェネラルマネージャーやマネージャーなど、上の立場のスタッフに不安が見て取れるようになってきました。

私が不在の中、はじめての仕事を受けるとか新しい店舗を開くとか、何か大きい変化がある時により不安を感じているようですが、どんな時でも不安を感じさせないようにするのも私の責任です。

不安を抱えたままだとフラストレーションがたまるし、仕事のパフォーマンスも悪くなってしまうからです。

遠く離れていると、コミュニケーションは電話がメインになります。私がＬＡから会社に電話するのか、京都から会社に電話するのか、同じ東京から会社に電話するのかによって、話す内容が変わるわけではないし、「電話で話す」という事実は同じです。でも、距離が遠いというだけで、同じ電話でも「電話だけだと不安」という気持ちにさせてしまうようです。

これは完全に心の問題で、考え方ひとつなのですが、そこを不安にさせないためには、やっぱりマメにコミュニケーションを取るという方法でフォローするしかありません。だから、顔を合わせる回数は少なくなっているけれど、会話をする回数はそれほど変わっていないというほど、マメに電話で話すことを心がけています。

ただ、ＬＡにショップをオープンしてからこれまでの間で、長い時は６週間ほど日本を空けたことがありました。この時はさすがに長すぎると自分でも感じました。あれこれ言っても、〝直接会う〟というコミュニケーションにかなうものはないので、今は2〜3週間おきに往復するスタイルを定着させようと考えています。それくらいのスパンで顔を合わせていれば、フラストレーションもたまりすぎないのではないか。今はいろいろ試してみるしかありません。

第3章で、お父さんに「会社の仲間と食事をするんだよ」と言われたことをお話ししましたが、アメリカに滞在する時間が増えた私と日本のスタッフとの間でコミュニケーションが不足してしまうことも、お父さんは心配していたのだと思います。

会社が大きくなったり忙しくなったりと、コミュニケーションを取ることが難しくなればなるほど、コミュニケーションの重要性は増してきます。そんな時期に、**「時間が作れない」と言い訳してコミュニケーションを怠るのは、後から自分の首をしめることになる。**

自分の存在がスタッフの心に影響を与える立場になったなら、「スタッフを安心させる」という責任を忘れず、コミュニケーションを取る手間を惜しまず、が大切です。

COLUMN

「打ち上げ」は心から楽しむ

小さな頃から休みの度にお父さんの仕事についてまわっていた私は、めまぐるしいほど忙しく働く姿や、騙されて負債を抱え辛そうな姿など、仕事をする大人のいろんな姿を見てきました。

その中で、いつもワクワクしていたのが、お手伝いをしたことでもなくユニークなイベントに連れて行ってもらったことでもなく、実は仕事の後の〝打ち上げ〟でした。

お父さんはよくドイツやオランダ、ポーランドなどヨーロッパ中のガーデニングフェアに鉢物を出品していました。スタッフと一緒に現地へ行き、そして時間をかけてセットアップし終えると、そこからはお待ちかねの〝打ち上げ〟です。

大人たちが「お疲れさん」と乾杯し、ビールを飲んでソーセージを食べて楽しそうに語り合う様子を見る度に、「チームみんなで頑張った後にお酒を飲むのって楽しそうだな」と子どもながらに思っていたものです。

振り返ってみると、お父さんもおじいさんも、私の家族はみんな〝チーム〟をとても大切にしていました。

デンマークには人手が足りなかった60〜70年代にスペインから多くの移民がやってきました。もちろんおじいさんのリンゴ園でも数人のスペイン人が働いていました。

毎日毎日、農園の掃除や動物の世話といった下働きをしてくれる彼らにおじいさんは感謝し、「私たちのファミリーだから」と、彼らだけでなく彼らの家族のこともとても大切にしていた記憶があります。

収穫後のお祝いなど、いわゆる〝打ち上げ〟にも必ずスタッフの家族を全員招待し、お酒と手料理でおもてなしをしていました。あの賑やかで楽しそうな光景は、今でも目に焼きついています。

このように、私は子どもの頃から「チームで頑張ること」「チームを大切にすること」を当たり前のように見てきたので、その考えを自然と引き継いでいます。そして、自分がチームをまとめる立場となった今、その重要性を毎日のように実感しています。ひとりでできることには限りがあり、チームの力なくしてニコライバーグマンは成り立たないからです。

もちろん、デンマークの家族のように〝打ち上げ〟も欠かしません。スタッフを大切にするからチームワークが生まれ、楽しくスムーズに仕事が進み、打ち上げも最高に楽しいものになる。そしてその楽しい打ち上げが、さらにチームワークを深め、今後のモチベーションにも繋がっていく……。そんなすばらしいサイクルを感じています。

ところで、数年前、お父さんの70歳の誕生日にデンマークに帰った時、こんな驚く出来事がありました。

一時期お父さんもリンゴ園の仕事を手伝っていたので、リンゴ園のスタッフたちとは交流があったのですが、その誕生日のお祝いのパーティーに当時のスタッフが何人か来てくれていたのです。

深い繋がりは長く続くものです。仕事上の付き合いとはいえ、チームの一員として相手を大切にしていると、まるで家族のようにお互いを思い合える存在になれるのです。その時、私は「繋がりというのは素敵なものだな」と胸を熱くしました。

チームは家族。そんな気持ちで仕事に挑めば、立場が上であろうと下であろうと、仕事はうまく回り出します。

第 5 章

PASSION

情熱があれば
どこでも
花は開く

ビジネスは〝第一印象〟と〝ワクワク感〟が最優先

Go with your gut

日本という遠い見知らぬ地でフラワーアーティストとなり、20年以上走り続けてきた私が最後にみなさんにお伝えしたいのは、「パッションを大切にしてほしい」ということです。これまでも何度かパッションについて触れてきましたが、私はパッションがなければ何も始まらないし、極端に言えば、パッションがあればどんなこともどうにかなると考えています。もしかしたら、パッションはやりたいことをやり遂げるうえで、もっとも重要なものかもしれません。

〝パッション〟という言葉には〝考えるよりも気持ちに任せて動く〟というイメージ

があると思いますが、私はまさにそういう面を強く持っています。フラワーアートにおいてもビジネスにおいても、特に第一印象をとても大切にしています。

英語で「**Go with your gut**」（直感を信じて）というフレーズがありますが、世の中には頭の中であれこれ考えるとなかなか答えが出なかったり、なかなか前に進めなかったりすることがたくさんあります。

そんな時こそ、「Go with your gut」です。

そのことをはじめて思いついた時、その話をはじめて聞いた時——。

真っ先に感じたのは「やってみたい」というワクワク感だったか、「ちょっと心配」という不安感だったか。私の場合、その第一印象を信じて前に進むようにしています。

たとえば少し前に、クライアントから「横浜で新しいお店を出しませんか？」と聞かれた時も、ちょっと考えただけで悩まずに「はい、出しましょう」と答えていました。なぜなら、すぐに新しい店舗の構想が思い描け、とてもワクワクできたからです。

どういう仕事にワクワクするかは、フィーリングと経験値だと思います。

新しい店舗を出す場合は、この2つをもとに、「ニコライ バーグマンのストーリーに合うか合わないか」ということを判断しています。

ただ、すぐに「やろう！」と思えるほどワクワクしなくても、さまざまな構想が膨らむ内容だったら、私は即決せずに少し考えてみることにしています。

たとえば、「ニコライ バーグマンのセカンドラインを作って日本全国のショッピングセンターにお店を出しませんか？」という話がきたとしたら、すぐにOKやNOは出しません。

大量に安価なものを作るなんてニコライ バーグマンのストーリーに合わない気もするけれど、ビジネスとしては興味深いし、やり方次第ではとても面白い挑戦になるかもしれないからです。

パッションがあるから失敗からも学べる

もちろん、私は超能力者ではないので、直感を信じて失敗してしまったケースもたくさんあります。

小さな失敗もいろいろありますが、大きな失敗で言えば、過去に中国とデンマークに店舗を出した時は、どちらもうまくいかずに撤退しました。その理由はハッキリとしていて、中国では現地の業者に騙されてしまったからで、デンマークではニコライバーグマン流のギフトがウケなかったからです。

特にデンマークのほうは、「自分の国だからうまくいく」といういわれのない自信のようなものがあったため、とても家賃の高い高級なエリアにお店を出したのですが、まったく売れませんでした。

なぜなら、デンマーク人は何でもＤＩＹする習慣があるので、わざわざ何千円も出してアレンジメントを買いに行ったりしないからです。

しかも、デンマークは従業員の給料がとても高い。平均的な相場で、日本の2倍は支払わないといけません。日本のように売上が出ないなか、安くはない家賃と高すぎる給料を払い続けるのが現実的に難しくなり、3年で撤退することになったのです。

ただ、失敗してしまったことを後悔はしていません。ワクワクして、最初から最後まで意欲的に取り組んだことなので、失敗から多くのことを学べたからです。
中国とデンマークでの失敗においては、大雑把に言えば「現地についての勉強が足りず読みが甘かった」という問題に気づけたので、その後の店舗展開に生かせるようになりました。

これまで「Affordable mistakes（ちょうどいい失敗）はヘルシー」「会社が潰れない程度の失敗ならあったほうがいい」という話をしてきましたが、これを実感できる人は強いパッションがある証拠。**パッションがあれば失敗からも学べて、いつでも前向きでいられます。**

ビジネスマンとして「失敗した！」と手を引くタイミングを見極めることは重要ですが（そのことは215ページで詳述します）、そこさえきちんと守れれば、**たいていのビジネスは〝第一印象〟と〝ワクワク感〟を優先することでいい方向に向かっていく**ものだと私は思います。

新しい可能性は人との出会いから生まれる

パッションと出会う場はいつもランチ?

どんな仕事も、何かしらの〝縁〟で始まるもの。私はこれまで、すばらしい縁のおかげですばらしい仕事をいくつも体験することができたので、縁をとても大事にしています。

そんな私のフィロソフィーのひとつに、「**いろんな人と出会わなければ新しい可能性とも出会えない**」というものがあります。

時間に追われながら仕事をしていると、たとえば「今日は人とランチをする予定が入っているけれど、忙しいからめんどうくさいな」なんて思ってしまうことがあるものです。時間のムダだからと、そもそも「大事な打ち合わせ以外の約束は入れないようにしている」という人もいるかもしれません。

でも、いざ人と会って話をすれば、会話の中から思いもよらない新しい発想が生まれたり、考えたこともなかった新しいビジネスを提案されたりと、何か面白いことに繋がりそうなことが起こります。人と会うことをめんどうがるのは、そうした可能性も捨てることになってしまいます。

また、頭の中で考えているだけではなかなか具体的にならないことが、人と話すことで一気に具体的になって話が前に進むこともあります。それは、コミュニケーションが刺激となり、インスピレーションが湧くからです。

よく、ビジネスマンが会議室ではなくゴルフなどの社交の場で大事な物事を決めるという話を聞きますが、これには私も賛成で、会議室のような固くなりがちな場よりも、ラフに接することができる場でリラックスしながらコミュニケーションを取ったほうが、話が前に進みやすいと思っています。

ただ私の場合は、それがゴルフではなく、ランチなのです。私は、人を紹介してもらったり、少しだけ話をした人と「今度ゆっくり話しましょう」となった時は、ランチの約束をするようにしています。

当然ですが、すべてのランチで何か新しいことが生まれ、いいビジネスに進展していくわけではありません。「完全にムダでした」ってことも山ほどあります。でも、それは仕方のないこと。なかには「確実にビジネスに繋がりそうな人とだけ会うようにするほうが効率的なのでは？」と思う人もいるかもしれませんが、私はその必要はないと思っています。なぜなら自分とはまったくジャンルが違う人、共通のビジネスが思い描けないような人でも、**相手のパッションに触れることで新しい視点ややる気をもらえ、それが自分のビジネスに生かされることがある**からです。

私は、年齢や仕事の内容に関係なく、とにかく「パッションを持っている人」と話をするのが大好きです。どんなに忙しくて時間がなくても、そうした人と出会うためにどんどんランチの予定を詰め込んでしまいます。

そして、そうした人と出会えたら、とことん話を聞きます。

「私は私は」と、自分の話をすることばかりに夢中になって人の話を聞けない人は意外と多いものですが、それもまた、〝新しいことが生まれる可能性〟を捨てることになりかねません。

相手の話をきちんと聞き、自分の意見や思いもきちんと話すという当たり前のコミュニケーションを取らなければ、お互いのパッションを触れ合わせることはできないと私は考えています。

お互いのパッションで形になったチョコレートショップ

私はフラワーショップのほかに、「Summerbird ORGANIC（サマーバード オーガニック）」というデンマーク発のチョコレートショップの経営もしています。

サマーバードのチョコレートは、厳選したオーガニックの原材料のみで作られていて、添加物はいっさい不使用。はじめて食べた時は、その繊細でやさしい味わいに感動しました。そんな自分が惚れ込んだ商品の日本での販売を請け負っているわけですが、これもまさにランチの場でのコミュニケーションで決まったビジネスです。

チョコレートショップも手がけていると言うと、よく「チョコレートが好きなんですか？」と聞かれます。確かにチョコレートは好きですが、別に「チョコレートが好きだからチョコレート屋さんをやりたい！」と思っていたわけではありません。

きっかけは、企業からのギフトの大量注文が増えたこと。「予算1000円〜2000円のギフトを数千個〜1万個」なんてオーダーが入ることもあるのですが、1000円〜2000円というのは花だけで見栄えのいいギフトを作るのが難しい金額で、頭を悩ませていました。

そこで、チョコレートと花で作ったプチギフトを用意することを考え、最初はデンマークの老舗チョコレートブランドのサブブランドに声をかけてみました。でも、会社が大きすぎて結論が出るのがあまりに遅く、そこから二転三転して、知り合いから「サマーバードがフランチャイズで日本にショップを出したいらしい。何か関わってみませんか？」という話が舞い込んできたのです。

私は、さっそくサマーバードの創設者でショコラティエのミカエル・グロンルッケさんとランチの約束を取り付けたのですが、会ってみたら彼はとんでもなく面白い人で、彼とのビジネスをその場で決めてしまいました。お互いに契約も何も確認せずにフィーリングで、ランチを食べながら即決してしまったのです。

バカがつくほどの探求心が心を動かす

なぜ、大事なビジネスにその場でYESを出せたのかというと、ミカエルさんが半端ではないパッションを持っていて、そのパッションに圧倒されたからです。

サマーバードが創設されたのは1986年ですが、彼は100％オーガニックのチョコレートを作ることにこだわり、世界中を旅して納得できる原材料を探し続け、試作品を作り続けてきました。そして、28年かけてやっと100％オーガニックのチョコレートを作り上げたというのです。

10年ほど前にはデンマーク政府からも100％オーガニックの認定を受けたのですが、彼の理想的なオーガニックチョコレート作りへの挑戦はまだ終わっていません。ここ最近広く知られるようになった、カカオ豆の選別から製造、販売までのすべてを一貫して手がける〝ビーン トゥ バー〟に創業時からずっとこだわりながら、今でもオーガニックの原材料を追求し続けています。言葉は悪いですが、この人は「バカなんじゃないの？」と思うくらいのパッションがなければやり続けられないことだと思います。同じくひとつのジャンルを追求し続けている人間として私は、このサマーバードのストーリーには鳥肌が立つくらい感動しました。

彼は自然の恵み、自然の大切さをわかっているし、クオリティのいいものもきちんとわかっている。そして何よりパッションを大切にしている。私と共通している部分が多く、それをお互いに感じ取ることができたから、話がすんなり決まったのだと思います。たった一度のランチでも、通じ合うものは通じ合うのです。

日本はデンマークと違い、どんなジャンルのどんなブランドも海外から進出していて、〝一流のチョコレート〟はもはや日本ではめずらしくありません。なので、2016年に日本初の「Summerbird ORGANIC」を南青山にオープンした時も、すぐに人気が出たわけではありませんでした。でも、ここ1~2年でリピーターが増えてきて、ようやくブランドとして安定してきた感じがしています。

ニコライ バーグマンのフラワーボックスにサマーバードのチョコレートを組み合わせたギフトも、おかげさまで好評をいただいています。

やはり**パッションのあるいいストーリーは人に届くもの**なのです。

パッションがあっても〝急速な成長〟はあり得ない

ショップの成長は3年目から

サマーバードのように、パッションがなければビジネスは形にならないし、パッションがなければビジネスをする意味がない。私はそう思っています。

ただ、今の時代、「見てください」とInstagramやFacebookなどのソーシャルメディアにアップするだけで、世界中の人に自分の商品や作品を見てもらえるチャンスを手に入れることが簡単にできてしまいます。

そして、そのようにソーシャルメディアで公表したものが誰かの目にとまり、仲間が集まったり仕事のオファーが舞い込んだりして、成長のきっかけをつかむ人も少なくないでしょう。でも、それは、あくまでも成長のきっかけのひとつにすぎません。

運よく成長のきっかけをつかむことと、それを大きなビジネスに育て上げていくことは、まったく違うことだと思います。

たとえば、2年ほど前にこんなことがありました。あるデンマークの若者たちから、「日本で成功しているあなたに話を聞いてほしい」というメッセージが届いたのです。そのメッセージには、彼らはデンマークの有名なジュースバーで働いており、「自分たちのジュースバーを日本でやりたい」といったことが書かれてありました。

彼らが働くジュースバーは、1号店がオープンしてからあっという間に店舗を増やしていったデンマークの一大チェーンで、今は世界各国に店舗を構えています。そんな人気店で働いているという経験があるからか、まだ20代という若さなのに彼らはとても自信を持っていて、すぐにでも東京にお店を出したがっていました。

そして結局、東京の若者に人気の街にジュースバーをオープンさせたのですが、わずか半年ほどで潰れてしまいました。

現代の人たち、特に若い人たちは、ソーシャルメディアでモノを見せるのがとても上手です。アイスクリームにたとえるなら、アイスをカップにうまくのせて、フルーツやクッキーなどをかわいくデコレーションすることがとても上手なのです。

でも、表面をキレイに見せることだけにこだわって、カップの中の見えないアイスクリームがドロドロに溶けていることに気づかない、あるいは気づいても気にしない……という人が多いような気がします。

カップの中身は見えないから最初は人が集まるけれど、みんながみんな中身のクオリティに気づかないわけがなく、そのうち誰も来なくなってしまう。ジュースバーをオープンさせた若者たちにも、もしかしたらそのような問題があったのではないかと思います。

もちろん、やりたいことに対してパッションがあるから上手に見せることができるのでしょうが、上手に見せるだけではダメ。本格的にビジネスを始めるなら、「上手に見せてとにかく関心を集めよう」と急いで進めるのではなく、ステップバイステップで進めることがどうしても大切になってくるのです。

私のこれまでの二十数年を振り返っても、それぞれのビジネスが軌道に乗るまでにはそれなりの時間がかかっています。特にリテールショップはすぐに成長するということはなく、だいたい3年目から成長していきます。先ほどお話ししたサマーバードもそうですが、私の会社の柱であるフラワーショップだってそう。リピーターが増え、経営が安定し、ショップの成長が感じられるようになるまでには、やはり早くとも3年くらいかかるという印象があります。

だから私は、**新しいビジネスを始める時は、3年間は踏ん張れる資金を最初に計算しますし、3年間はうまくいかなくても我慢する覚悟を持つようにしています。**でも、世の中にはその3年間を我慢できない人が多い。

なぜなら、そういう人はビジネスを始めたら1日目から成長できると思っているからです。どんどん成長できると思っていると、成長できず止まったり戻ったりすることに耐えられなくなります。

ビジネスは遊びではなく、難しいもの。1日目から成長するなんてあり得ないのです。成長というのは時間と努力を重ねて得られるもの。急速な成長なんて望むべきではありません。

〝謙虚さ〟を持っていないと物事はうまくいかない

もちろん中には、ソーシャルメディアで話題を集めて急成長した会社もあるとは思います。でも、それを見て「簡単そう」「自分にもできそう」と思ってしまうのは危険です。それらの会社がこの先どうなっていくかはわからないし、もしかしたらソーシャルメディアでは見えない部分でものすごい努力を重ねているかもしれません。つまり、今自分がソーシャルメディアで見ているものは、物事のほんの一部にすぎない、ということです。

また、ソーシャルメディアは瞬時に反応が返ってくるので、それに慣れてしまうのも危険です。ビジネスにおいてもそんなふうに瞬時に反応が返ってくると思ったら大間違いだからです。

誤解しないでほしいのですが、私はソーシャルメディアが悪いとはまったく思っていません。ただ、ソーシャルメディアを活用していると、変なプライドを持ってしまったり、妙に自分自身を押し出したりしてしまうことがあるようで、それが一番危ないと感じています。リアルではない世界で、本来の自分を見失ってしまうことの危うさとでも言うのでしょうか……。

日本人はもともとすごくHumble＝謙虚さを持っていて、それも日本人のすばらしいところだと思います。でも、ソーシャルメディアにおいては、残念ながらその謙虚さを失くしてしまっている人が少なくないようです。

今のデンマークには〝謙虚〟という考え方は日本ほど強くはありませんが、私のおじいさんやおばあさんの世代の人には謙虚さというものが染みついていて、それを見て育ったお父さんにも「謙虚さが大事」という考えがいつもあったように思います。未だに「スタッフと一緒に食事をするんだよ」などとアドバイスされたというような話をしましたが、この**「支えてくれる人があっての自分なんだ」という心が「謙虚さを忘れない」ということ**なのかもしれません。

ソーシャルメディアの世界では、どうしても「私はこれです」と自分をアピールすることがメインになり、裏で支えてくれている人たちをおろそかにしがちです。そうした中で成長する人もいるとは思いますが、その成長が長く続くとは私にはどうしても思えません。

ある程度のセンスや技術を持っていて、パッと簡単に〝いいもの〟を作れてしまうという人は、どんなジャンルにおいてもいますし、そういう人が、ソーシャルメディアなどで注目を浴びるのも理解はできます。

でも、**時間と努力を積み重ね、支えてくれる人たちを大切にし、丁寧にセンスや技術を磨いた人が作るものは、見る人が見ればやっぱり違う。そう簡単にすたれることのない、魅力を放つことも同時に私は知っています。**

パッションを持ってパッションで突き進むことがビジネスにおいては大事ですが、謙虚な姿勢で時間と努力を積み重ねて成長することも、ビジネスにおいては同じくらい大事なことではないでしょうか。

時間と努力を積み重ねて成長することでそこにストーリーができ、その先にまた新しいストーリーが見え、ワクワクして……。その繰り返しで自然とステージが上がっていく。私はそんな道が、長く、どこまでも続く道なのではないかと思っています。

パッションと
ビジネスの着地点

ビジネスを撤退させる時の判断基準

もし、私がお金のことだけを考えているビジネスマンだったら、「Summerbird ORGANIC」は手がけていないと思います。

正直な話、私の場合、軸となるのはフラワービジネスなので、それ以外のことを手がけるのはビジネスとしては効率が悪いからです。ビジネスマンの友人たちからも、「ニコライはほかの仕事をやらずに花の仕事だけに集中してもっと時間をかけるようにすれば、もっと儲かるだろうに」とよく言われています。

でも、そうしてしまうのは、私のやり方とは違う。私のパッションはお金をたくさん儲けるというところではなく、新しいものをクリエイトするというところにあるので、今のようなスタイルになっているのです。

これはあくまでも私の場合で、どこにどれくらいパッションがあるかは人それぞれ。ビジネスは自分のタイプを探りながら、うまくバランスを取ってやっていくのが一番です。ただ、このバランスを取るのはなかなか難しく、時には自分の中でパッションとビジネスがケンカをしてしまうこともあります。

たとえばデンマークと中国に出したショップがうまくいかなかった時、パッションとビジネスの大きなケンカがありました。シビアに経営面を考える財務担当者は早い段階でその事業を切ろうとしてきます。もちろんビジネスを考えたら、その段階ですんなり手を引くべきなのかもしれません。でも、大きなパッションを持って始めたプロジェクトなので、何かまだ可能性があるうちは続けたいという気持ちもある。この見極めは難しく、大いに悩むところです。

赤字でもお金が回っていればチャンスはある

パッションとビジネスがケンカをして決着がつかず、経営が傾いてしまったり後悔してしまったりすることがないようにするためには、自分の中ではっきりとジャッジの基準を作っておくことです。

その基準とは、「**そのプロジェクトにポテンシャルを感じるか感じないか**」です。私は自分の中にワクワク感があってポテンシャルを感じるうちは、アイデア次第で新たな道が開けるかもしれないので、簡単にはあきらめずに続けることにしています。

そしてもうひとつ、「**お金が足りているか足りていないか**」も大事です。当たり前のことですが、ポテンシャルがどれだけあっても、お金を借り続けなければ回せないような状況になっているのであれば、続けることがもう現実的ではありません。

つまり、私は赤字とはいえお金が回っていて、「きっとうまくいく」という可能性を感じるうちは、もう少し続けるべきだと判断しているわけです。

今現在もちょうど、自分の中のジャッジの基準と照らし合わせた結果、経営はうまくいっていないけれどクローズせずに続けているカフェが一軒あります。

そこはオープンから3年たっても軌道に乗らず、財務担当者からは「もう閉めましょう」という話も出ているのですが、私は場所にもコンセプトにもすごくポテンシャルがあると思っているので、いろいろアイデアを出して試行錯誤しながら続けている状態です。ビジネスだけを考えたら「ダメですね」と言われてしまう状態だということはわかっていますが、まだ試していないアイデアがたくさんあるし、今クローズしたらきっと、「ポテンシャルはあったのに自分のパワーが足りなかったな」と後悔してしまう。だから、続けるのが現実的ではない段階にならないうちは、踏ん張ってみようと思っています。

過去の失敗をもとに再度パッションを燃やす

ちなみに、パッションで踏ん張り続け失敗から多くのことを学んだおかげで、2019年11月に再びデンマークにお店を出すことができました。

今回は、前回経験した問題を最初にすべて洗い出し、場所はロケーションがよく観光客も多いデパートを選び、できるだけこちらの負担を減らす形の契約を交渉しました。結果、出費はほとんどなく、「ニコライ バーグマン」のモノとノウハウを持って行くだけという形に落ち着いたので、「やるメリットしかない」と思い、出店に踏み切ったのです。

前回のデンマークでの失敗はヘビーな経験でしたが、「自分の生まれ育った国でお店を持ちたい」という気持ちはずっと心に残っていたので、また夢が叶って本当にワクワクしています。

デンマークは給料が高いことやデンマーク人はギフトとしての花をあまり買わないことは変わっていないので、ポジティブな展望だけではありませんが、もちろん手を引く限界のラインもきちんと計算しています。だから余計な心配はせず、パッションのままに自分のアイデアを試して楽しみたいと思っています。

前回の失敗の時、ビジネスを優先してすぐクローズしてしまっていたら、多くのことを学べず辛さや後悔だけが残り、今回の出店には挑戦できなかったでしょう。**自分の中のパッションとビジネスのバランスを取ることは、その先の働き方にも大きく関わってくる**と私は思います。

Dream big と Realistic

実現可能な夢はどんどん言葉にして伝えていく

「自分のフラワーショップを持ちたい」「どこどこにショップを開きたい」「こんな展覧会をやりたい」「花と関連したジュエリーの仕事をやりたい」……などなど、これまで実現してきた数々のことを、私はひとりで心の中に抱え込むことはせず、いつも言葉にしてきました。

これまでの人生を振り返って、これは自信を持って言えますが、「夢を言葉にして伝えていく」ということはとても大切です。

まず、言葉にすることで自分自身のモチベーションが高まるし、伝えた相手との会話でインスピレーションが高まることもあります。そして何より、自分のパッションと相手のパッションが触れ合って、具体的な形になっていく可能性も生まれます。言葉にして伝えなければ、この可能性は決して生まれません。

今、２０２０年オープンを目標に箱根に公園を建設中ですが、それも始まりは「箱根という場所が大好きだから、いつか大きな施設を作ってみたい」と言葉にしたことがきっかけでした（２０１９年12月時点）。

メディアから取材を受けると、「今度は何をやりたいですか？」と聞かれることが多く、私はことあるごとに「箱根に公園が作れたら最高ですね」と話し続けていました。

そのおかげで、「箱根に公園を建設する」ということについて、情報やコネクションを持つさまざまな人たちと繋がれるようになり、夢がどんどん現実になっていきました。こんなふうに、言葉のパワーと協力してくれる人たちのパワーで、「ちょっと難しいかな」と思うような夢だって叶えることができるのです。

ただ、「Dream big＝夢を大きく持つこと」は大事ですが、同時に「Realistic＝現実的に考えること」も大切です。たとえば、「国を変えます」とか「宇宙に行きたい」などと口にするのは、私からすればリアリティがないし、多くの人にとっても同じだと思います。

夢は大きく持つべきですが、現実的に考えることを忘れてはいけません。「実現可能な夢を言葉にしていく」ということに、大きな意味があるのです。

アウトプットに対する反応でインスピレーションが生まれる

とはいえ、日本人、特に会社に勤めているビジネスマンの多くは、現実味のない夢を言葉にするどころか、「ちょっとやってみたい」ということすら言葉にできずにいる人が多いのではないかと感じています。アイデアをたくさん持っていても、自分の立場や人間関係を気にするあまり、ついつい抑え込んでしまう……。今の日本人はどんどん発言をするようになってきたとは言われますが、それでも私から見たら、まだまだおとなしく自分を抑え込んでいるようなところがあると思ってしまいます。

でも、言葉にしたり行動に移したりしなければ、当然ですが変化は起きません。ですから、みなさんにはもう少し自分のコンフォートゾーンを乗り越えて気持ちを言葉にしたほうがいいのではないかと、おせっかいながら思うのです。

日本人はとても真面目なので、もしかしたら「漠然としたことを人に話すのははずかしい」「もっと具体的な形になってからじゃないと人には話せない」といった考えを持つ人が多いのかもしれませんが、**ひとりの頭の中だけで完璧にプランを練り上げるのは難しいことだし、そんなことを待っていたら時間だけが過ぎてしまいます。**本当にその夢が実現するかしないかは置いておいて、一歩でも前に進むためには、とにかく夢は言葉にしていくべきなのです。

私の場合、毎日バタバタと忙しい中でいろんなことを考えているので、まだそこまで深く考えていないことや、まったく具体性のないことを、会話の中でふと思い出して口にすることもよくあります。特に私はインタビューを受けることが多いので、細かく質問される中でSubconscious（潜在意識）が呼び起こされ、「2＋2＝4」という感じで会話の中でどんどん夢が具体的になっていったりもします。

私はアーティストとして日々自分の発想をアウトプットし、その完成したものや完成したものへの周りの反応でインスピレーションが刺激され、また次に進んでいく……ということをずっと続けています。

これはビジネスでも同じ。**自分の発想をアウトプットするからこそ、それに対する周囲の反応を見てさらに発想をブラッシュアップしたり、新しい情報や提案をもらったりすることができ、次に進んでいける**のです。

みなさんは今、「やってみたいけれど言葉にできずにいること」がありませんか？もしあるならば、試しに今日、会った誰かにその夢を話してみてください。

そのちょっとした行動がきっかけとなり、あなたのストーリーが大きく動き出すかもしれません。

パッションは縁を紡ぎ出す

パッションが生んだ最高の展覧会

私はここ数年、福岡県の太宰府天満宮で大規模な展覧会を開かせてもらっています。これまで第1回が2014年で第2回が2016年、そして第3回が2018年と1年おきに開催してきましたが、2018年には2万人もご来場いただき、私の中でも特別な位置づけのイベントになっています。この本が出版される2020年にも開催する予定です（2019年12月時点）。

この日本有数の神社とデンマーク人のフラワーアーティストがどうしてコラボレーションできるようになったのか？　その始まりもやはりパッションからでした。

きっかけは私が出演した「IZA・NOW」というANAの機内番組です。その番組は日本で活躍する起業家やクリエイターなどの外国人を取り上げたものだったのですが、それを福岡県の経済界で顔の広い安川哲史さんが、羽田に向かう機内で見たことから話は始まっています。

安川さんはその番組を見た時、「この人は面白い。福岡との縁を繋ぎたい」と思ってくれたそうで、羽田に着いたらすぐさまその足で南青山のフラッグシップストアを訪ねてくれました。なんというパッション、行動力でしょうか?

また、安川さんがショップにいらしたその時に、めずらしく私の片腕として仕事の状況をすべて把握しているマネージャーが店頭に立っていたのも不思議な縁でした。その時、マネージャーは安川さんの熱い話に押されたのか、福岡に興味を抱き、私に「福岡に行ってみましょうよ」とすぐに話を繋いでくれたのです。

これは後から聞いた話ですが、安川さんが機内で見た番組の中で一番印象的だったのは、私の「日本で〝我慢〟を学び、忍耐力をつけることができた」というメッセージで、そんな外国人らしからぬ外国人のほうが、日本人よりよっぽど日本の文化をわかっていると思ってくれたそうです。

安川さんは熱心に福岡にショップをオープンさせることを提案してくれたのですが、「いきなりショップは難しいので展覧会なら」とお話ししたところ、ひとまずは福岡で開かれるセミナーで講演を行うことになりました。

実はこの安川さんは、古くからの友人である太宰府天満宮の第39代宮司、西高辻信良（にしたかつじのぶよし）さんや高名な博多人形師である中村信喬（しんきょう）さんなどと一緒に、日本の文化を今に伝えるべく精力的に活動されている人でした。

ですので、彼の頭の中には「展覧会をやるなら太宰府天満宮で」との考えがあったのでしょう。その講演で私は西高辻信良宮司（以下信良宮司）にごあいさつさせていただき、まだ展覧会の開催が決定したわけではないにもかかわらず、とにかく神社で何ができるか下見をしてみようと、次の日に天満宮へ足を運ぶことになったわけです。

パッションは不思議な縁を運んでくる

外国人である私は、もともと神社仏閣など日本的で神聖な場所に憧れのようなものを抱いていました。ただ、私の中の神社のイメージとしては格式というか、外国人の私には敷居が高いというか、どこか型にはまった硬さのようなものを感じさせるものでした。しかし、太宰府天満宮はこれまで訪れたことのある神社仏閣と比べて、どこか違う感じがする場所でした。

こういう感覚は言葉では説明しにくいものですが、私は太宰府天満宮に「いい空気」のようなものを感じ、「ここで何かをやりたい」と直感的に思ってしまったのです。

その時、偶然、信良宮司とそのファミリーにお会いしてお話しすることができたのも縁でした。信良宮司とファミリーの温かいおもてなしの心に触れた私は思わずその場で、「ここはとても〝気〟がいいので、ぜひ展覧会をやりたい」と口にしていました。うれしいことに私と少し話をしただけで、信良宮司も直感的に「この人ならうちの境内で展覧会をしてもいいんじゃないか」と思ってくれたそうです。

信良宮司には、太宰府天満宮は由緒正しく長い歴史のある神社として続いていくことだけでなく、「常に新しい文化を発信する場所」であり続けたいという強い思いがあり、これまでも「神様中心に、太宰府天満宮の空気、境内、自然というすべてを使って文化を発信していきたい」と、いろいろなコンサートやイベントなどを開催してきたそうです。花に関しても、伝統的な日本の生け花の展覧会を何度も開いたことがあるとのことでした。そんな下地があったとはいえ、どんな作品を作るかもよくわからない外国人のフラワーアーティストに、大切な場所を提供するのは、勇気のいることだったと思います。本当にありがたいことです。

私はすでに東京で決まっていた展覧会の予定を変更し、急ピッチに準備は進められました。その間、信良宮司の下で太宰府天満宮を支えるスタッフ一人ひとりの神社に対する熱い思いに接し、その思いが私や私のスタッフの作品にかける思いと共鳴できたことも、この縁がもたらしてくれた素敵なギフトだと思っています。

信良宮司の承認を得てから展覧会が開催されるまでの期間はわずか4ヶ月。大規模な展覧会としては考えられないスピードですが、まるで何かのお祭りのようにみんなの思いはすぐに形になっていきました。

パッションとパッションがぶつかり合うと、物事が進むスピードまで速くなる。エネルギーの強さが違いますから、それも当然かもしれません。

その場を楽しむ思いは一体感を生む

太宰府天満宮での展覧会は自分へのご褒美

太宰府天満宮での展覧会は、私の中でほかの仕事とはちょっと存在というか意味合いみたいなものが違います。一般的にビジネスでは「クライアントやお客さんを満足させなければいけない」という部分があると思うのですが、太宰府天満宮の展覧会においては、私はそういったことをあまり考えていません。はっきり言ってしまうと、自分の表現を楽しむことを最優先にしています。

もちろん、作り上げるものが「太宰府天満宮という空間に合うか」ということはしっかりと考えます。天満宮へのリスペクトがあるので、空間を損なってしまうようなことだけは絶対にしたくないからです。

とはいえ、2014年に開催した1回目はまだ手探りの状態だったので、大きなプレッシャーもありました。新しいことをする時は、それなりに結果を出して相手も自分のチームもホッとさせなければいけないところがありますから、どうしたって緊張感は生まれるものです。

結果的には、太宰府天満宮側と私たちチームとの一体感がすぐに生まれ、作業の過程にも完成した作品にも大満足できる、最高の展覧会になりました。思った以上にお客様も来てくれて、「日本の伝統的な場所とニコライ バーグマンのフラワーアートの融合に多くの人が興味を持ってくれた」という事実に、自信もつきました。

私は来日してから日本のことがずっと好きでした。でも、太宰府という場所で日本の本格的な伝統に触れ、それをリスペクトする人たちと心を通じ合わせることができたのは最高の経験でした。そして、それは、「**今まで日本でやってきたことの意味がここにあった**」と思えるほど、心を震わせるものだったのです。

関わるすべての人がワクワクする場を作る

それから第2回、第3回と展覧会を開かせてもらったのですが、「同じ空間でいかに変化を持たせるか」ということを考えるのは、大変でもあり大いにインスピレーションを刺激されるものでもあります。

挑戦してみたいことが次々と思い浮かび、1回目は1会場だったのが2回目は3会場とスケールもどんどん大きくなり、3回目は太宰府天満宮、宝満宮竈門神社、志賀海神社、柳川藩主立花邸 御花の4会場で盛大に行われました。

さすがに4会場での展示は「やり切った！」という感じがあり、スケールで言えばあれがマックスだと思います。4回目をやるとしたら、太宰府天満宮と宝満宮竈門神社だけですごくハイクオリティなものをやりたい……なんて考えているところです。

太宰府天満宮での展覧会は自分の表現を楽しむことを最優先にしているので、そんなことを考えている時間も本当に楽しく、この展覧会は私がずっと仕事を頑張ってきたことへのご褒美だと思っているので、これからも思いっきり楽しむつもりです。

太宰府天満宮での展覧会では、ほかにもうれしいことがあります。それは、地元の人たちがとても喜んでくれることです。太宰府に住んでいる方々をはじめ、その周辺に住む人たちにとっても展覧会は楽しみなお祭りのひとつになっているようで、天満宮のスタッフにもよく「次はいつやるの？」とか「次はメインの展示はどうなるの？」などと問い合わせがあるようです。

地元で募集するボランティアでは毎回１００人以上もの人が集まってくれて、みなさん大変な作業を文句も言わず楽しそうに手伝ってくれています。ボランティアなので無償ですが、「お花を持って帰れるだけで十分！　すごくうれしいの」と言ってくれる人もいて、本当にありがたい限りです。

私の作品は、みなさんに手伝って作ってもらった細かなパーツが少しずつ組み合わさり、最後の最後でひとつの作品として、その姿が明らかになることが多いので、おそらくボランティアのみなさんは「私はいったい何を作ってるんだろう？」という感じで手伝ってくれているのでないかと思います。

デザインを考えた本人である私は完成形を頭に思い描いていますが、その形は長年仕事を一緒にしてきたスタッフですらわからないこともあり、作品が完成した時の感動はたまらないと言ってくれることもしばしばです。

ボランティアのみなさんも毎回、そのように感じてくれているからか、回を重ねるごとに自然と一体感が生まれ、作品が完成した時の喜びもより強まっているような気がします。

太宰府との縁で交流が始まり、一緒に展覧会をさせてもらったこともある博多人形師の中村信喬さんに、「ニコライには美しいものを人に見せて人に幸せになってもらいたいという、自分と同じ感覚があると思う」と言ってもらったことがあるのですが、こんなにうれしい褒め言葉はありません。

私は、自分がワクワクすることをとても大切にしていますが、人をワクワクさせることも同じくらい大切にしています。私のフラワーアートで人が喜んでくれることが大きな喜びになっているように、展覧会を通してたくさんの人が喜んでくれることもまた、私にとってはご褒美のひとつなのです。

リスペクトがなければ思いは響かない

妥協しない姿勢が距離を縮める

花が好きな私は自然がすごく好きで、たとえばずっと昔からそこにある木などに強く惹かれるところがあります。太宰府天満宮の周辺にはそうした自然が溢れていて、アーティストとして、大いにインスピレーションを刺激される場所だと感じています。だからこそ、大きなクスノキの枯れ枝や朽ちた梅の木の枝、一本一本を拾い集めては、作品作りに生かしてきました。

そんな私の作業風景を見て、「『いかに自然と共生できるか』ということが我々の仕事」と話す信良宮司はとても共感を覚えてくれたそうです。そのおかげか、回廊の屋根に生えた苔を見て、私が「あれも使いたい」と言った時も、快くＯＫしてくれました。私が大切に作品作りに生かすと信じてくれたから、長い年月をかけて生えた貴重な苔を取ることを許してくれたのかもしれません。

また、信良宮司は自身が持つ国宝級の器や陶芸品などのコレクションを「箱に入れっぱなしでは意味がないから使っていいよ」とあっさり提供してくれました。

しかも、作業中も展覧会後も、一度たりとも「どこか傷ついてない？」などと確認してくることはありません。信良宮司がそのように私を信頼してくれたことで、天満宮のスタッフとの絆もどんどん深まっていったようにも思います。

そんな太宰府天満宮での作品作りの中で、もっとも関わりを持って取り組んでいただいたのが剪定班の方々です。あらためて説明すると、剪定班とは天満宮内の木々や花などの手入れを行い、その美しさを維持しているガーデナーのみなさんのこと。

彼らはいわゆる〝日本の昔ながらの職人〟で、いつも黙々とやるべきことをこなしており、最初に会った時などはあまり口をきいてくれませんでした。

時間のない中での作業にもかかわらず、完成間際の作品を作り直したり、無茶な注文で徹夜を強いられたり、しかもそれを指示するのが横文字の肩書を持った外国人なんて、そもそも九州男児の彼らが簡単に受け入れてくれるはずがありません。

でも、モノ作りに関して妥協しない（できない）私の姿勢にシンパシーを感じてくれたのか、彼らが協力的になってくれるのに、時間はそれほど必要ありませんでした。2回目からなんて「もう何でもやる」という姿勢で、トラックいっぱいに枯れ枝を集めてくれたり、一晩中ワイヤリングを手伝ってくれたりと、私の無理難題やそれに伴うハードワークを楽しむかのように手伝ってくれたことは本当に感謝しています。

今では彼らがいなければ展覧会は成功しないとまで思っています。

そのようにして、ニコライ バーグマンと太宰府天満宮は展覧会を重ねるごとにひとつのチームのようになっていきました。

鳥居をピンクに!?

その中でも、来場者を一番あっと驚かせたのは、鳥居をピンクにした演出かもしれません。「未来の花見」をテーマとした3回目の展覧会で、私は神社のシンボルとも言える鳥居にピンクの布を巻き、イメージをガラリと変えてしまったのです。

太宰府天満宮の展覧会では、私は毎回、空間やその場での素材や人との出会い、その時の気持ちを大事にしてデザインを考えているのですが、3回目の時はふと「今回はお客さんを迎える場所である鳥居から演出を始めたい」と思ったのです。

でも、鳥居はあまりにもスケールが大きすぎて、花で装飾するのは難しい。そこで、〝花見〟を象徴するカラーであるピンクの布を巻くことを思いついたというわけです。


もちろん、鳥居をピンクに変えるのが畏れ多いことだということは、外国人である私にもわかっていました。私のスタッフに事前に相談した時も、「ニコライさん、それはさすがに私からは言えません。出入り禁止になってしまいます」と言われたぐらいなので、いくら理解のある信良宮司といえども、こればかりは許してはくれないかもしれないと、なかなかお願いできずにいました。

でも、鳥居を眺めれば眺めるほど、ここをピンクにしてお客さんを迎えることが、今回のテーマにおいてとても重要なことだという思いは強まる一方。私は信良宮司との信頼関係をとても大切にしているし、「どうしてもやりたいなら、その思いは絶対に自分で説明するべきだ」と、自分で伝える決心をしたのです。

伝えるタイミングは、天満宮のスタッフのはからいにより、信良宮司が構えるでもなく、しかもひとりでいる、ここしかないという絶妙なタイミングでした。そんな心遣いにもアシストされながら私は信良宮司に思いを伝えたのです。

信良宮司の返事はというと、「ニコライ、一日だけ待って」というものでした。

千年以上も続く歴史ある神社の鳥居をピンクにしたいなどと言われて、悩むのは当然ですし、やっぱり無理かな……と思いました。そして、次の日です。信良宮司は約束通り返事をくれました。しかも、「OKです」と。

大事なのは「相手をどれだけ思えるか？」

信良宮司がOKを出してくれたのは、その展覧会が3回目だったということもあるでしょう。なぜなら、1回目と2回目の展覧会で徐々に信頼関係が深まり、3回目にはだいぶリラックスして話ができるようになっていたからです。そのおかげで、スムーズに思いを伝えることができたのだと思います。信良宮司のほうも、太宰府天満宮の空間を損なうことのない私の演出を1回目、2回目と見てきたことで、「そこまで言うなら信じよう」という気持ちになってくれたのかもしれません。

また、私が〝外国人〟だから、鳥居をピンクにできた面もあると思います。「外国人である私なら、コンフォートゾーンを超えるような提案をしても革新的な挑戦として受け入れてもらえるのではないか」という思いが、少なからず私の中にあったのです。

ただ、ここで肝心なのは、そこに**リスペクトがあること**、だと私は思っています。勘違いしてほしくないのですが、決して日本の伝統文化とともに育っていない外国人だから強気で「ピンクにしていいでしょ？」と言えたわけではありません。それだったら信良宮司はＯＫをくれなかったはずです。

太宰府天満宮とそれに関わる人たちへのリスペクトがあるうえで、外国人であることを武器に「コンフォートゾーンを超えてアートを一歩前進させる提案」をした。そのことを信良宮司は理解してくれたからこそ、ＯＫをくれたのだと思います。

私のお願いを聞いた時、信良宮司はやっぱり「鳥居をピンクにすることは果たしてうちの天神さまの意に沿っているのか」「神社という神聖な場所に区切りをつけるゲートとしての品位を失うことがないものができるだろうか」と、一晩中悩んだそうです。でも、最終的に「ニコライだったらいいものを作れるだろう」と覚悟を決めてくれたと言います。私は信良宮司のこうした考え方を、本当にリスペクトしています。

信良宮司は2019年に太宰府天満宮の宮司を引退されましたが、まだ交流は続いていますし、信良宮司の思いを引き継いでいる現宮司の信宏宮司との新たな交流も始まっています。リスペクトできる場所でリスペクトできる人たちとともに、今後はどんな挑戦をしていけるか、想像するだけでワクワクしています。

関わる人たちの気持ちが強ければ強いほど、その仕事に対するモチベーションは高まり、仕事の質も高まります。もし、**みなさんがビッグチャレンジを前にして悩んでいることがあるとしたら「そこにパッションとリスペクトはあるか？」と問い直してみるといいのかもしれません。**

EPILOGUE

いい我慢は運が生まれる環境を作る

みなさん、いかがでしたでしょうか。

自分のフラワーショップを持つと決めてから25年以上、日本に来て活動を始めてからは20年以上、やるべきことをやり抜く〝いい我慢〟を積んできたおかげで、今私はアーティストとしてもビジネスマンとしても、とても充実した毎日を送っています。

特にここ数年は、日本全国にショップを展開するだけでなく、韓国やシンガポール、アメリカ、デンマークなど海外での展開も増えてきて、「Nicolai Bergmann Flowers & Design」というブランドの大きな広がりを感じています。

こうして日本と海外を行き来し、忙しく立ち回っている私を見て、

「ニコライはこれからどうするんだ」

「ニコライは将来何をやっていきたいんだ」

などということを、これまで深くお付き合いしていただいている方々を中心によく質問されるようになってきました。

ただそう聞かれることに実は少し困っていたりします。

これまで同様、花を中心にして、これからも10年、20年やっていくという大きな方向性は変わりませんが、個人的には無理に3年先、5年先までプランニングすることはしたくないからです。

もっと言うと、先々をしっかりプランニングすることは、どこか自分の首をしめてしまうような感じがして嫌なのです。

この本に書いたように、私はこれまでチャンスがあれば、常にトライを続けてきました。準備がどんなに整っていなくても、やれるチャンスがあるのならやる。そうしてチャンスをものにし、次のステージに上がる。日本での私の二十数年はその連続だったように思います。

もちろんしっかりプランを立て、完璧に準備をしてチャンスに挑むことができるのなら、私もそうしたいです。しかし、完璧にするのに1年かかるのだったら、中途半端でもいいから1ヶ月でやったほうがいい。そんな姿勢が実は大事で、運はそんなところに生まれてくると私は感じています。

つまり、私にとって「いい我慢を重ねること」というのは、いつでもチャンスに挑むことのできる準備であったのと同時に、運を生む環境を作ることでもあったというわけです。

ただ最近、私の中で「ちょっとこの我慢の質が変わってきたな」と感じることが増えてきました。簡単に言えば、〝やりたいことのために我慢する〟のではなく、〝やりたいことをやれないことを我慢する〟ことが増えてきたのです。

たとえば、私個人の気持ちを優先できるなら、本当はショップを出したい国がほかにも3、4ヶ国あります。

ただ、家族のことを考えたら、今以上に海外で過ごす時間を増やし、今以上に家族と過ごす時間を減らすことはとてもできません。

また、今年や来年のスケジュールを見ても、新たに大きな仕事を入れる余裕は作れそうにありません。

ショップ展開のほかにも、面白そうなオファーが次々とやってくるので、私個人としてはどれもトライしてみたいという気持ちがありますが、現実的に時間が足りず、泣く泣くお断りしていることが増えてきているのです。

ですが、私の今の状況は、とてもありがたくすばらしい状況です。〝いい我慢〟を積み重ね、チャンスに挑んできた結果、気づいたら手に負えないくらい可能性が広がりをみせてきている……というわけなのですから。

言うなれば、今私がしている我慢は、〝いい我慢〟の先にある、〝うれしい我慢〟なのかもしれません。

まずは、いい我慢で運が生まれる環境を作り、トライを繰り返し、ステージを上げる。それを続けることでいつしかうれしい我慢へと我慢の質が変わり、その先のステージをさらに目指していく……。そうして夢は我慢とともに、どんどん、どんどん膨らんでいくのだと思います。

我慢とは夢を叶える努力の言葉。

私が日本で我慢という言葉に出会い、夢を実現しつつ、また新たな夢を大きく膨らませてきたように、みなさんもこの本がヒントになり、自分なりの我慢と出会い、いい我慢を重ねていけるようなきっかけが作れたとしたら、本を書いた者として、こんなに幸せなことはありません。

最後にこの本の制作にご協力いただきました、Ｏｅｎｓ Ｉｎｃ．の高橋みどりさん、株式会社アサツー ディ・ケイの阿部弘之さん、ＳＡＫＡＫＩ ＬＡＢ ＩＮＣのサカキテツ朗さん、安川タクシー株式会社の安川哲史さん、中村人形の中村信喬先生、太宰府天満宮の最高顧問であり、宝満宮竈門神社の宮司でもある西高辻信良宮司、太宰府天満宮の西高辻信宏宮司、森大郎さん、馬場宣行さん、真木智也さん、アンダーソン依里さん、剪定班の古賀義悟さん、中島紀寿さん、木本順さん、宮大工の平山雄一さん、本当にありがとうございました。

また、いつも私を支えてくれる妻のアマンダ、息子のジャック、デンマークのお父さん、お母さん、Nicolai Bergmann Flowers & Designの平田さんをはじめとするみんな、来日当初お世話になった清水はま子さん、イェンス・エンガード・ペダーセンさん、フローリストモリタの森田さん、ここには載せきれなかった多くのみなさん、本当にありがとうございました。

そして、最後までお読みいただいた読者のみなさん、心から感謝しています。

2020年1月　ニコライ・バーグマン

著者紹介

ニコライ・バーグマン

デンマーク出身のフラワーアーティスト。北欧のテイストと細部にこだわる日本の感性を融合させた独自のスタイルをコンセプトとし、自身で考案したフラワーボックスは、フラワーギフトの定番として広く認知されている。その活動の幅は広く、ファッションやデザインの分野で世界有数のブランドと共同デザインプロジェクトを手がけるなど、フラワーデザインの可能性を拡大し続けている。現在、国内外に14店舗のフラワーブティック、国内に3つのカフェを展開している。ソウル、ロサンゼルス、デンマーク、シンガポールなど、ワールドワイドに活躍の場を広げている。

いい我慢(がまん)
日本(にほん)で見(み)つけた夢(ゆめ)を叶(かな)える努力(どりょく)の言葉(ことば)

〈検印省略〉

2020年 1 月 29 日 第 1 刷発行

著 者――ニコライ・バーグマン
発行者――佐藤 和夫

発行所――株式会社あさ出版

〒171-0022 東京都豊島区南池袋 2-9-9 第一池袋ホワイトビル 6F
電 話 03 (3983) 3225 (販売)
03 (3983) 3227 (編集)
F A X 03 (3983) 3226
U R L http://www.asa21.com/
E-mail info@asa21.com
振 替 00160-1-720619

印刷・製本 萩原印刷(株)

facebook http://www.facebook.com/asapublishing
twitter http://twitter.com/asapublishing

ISBN978-4-86667-188-8 C2034